马云
成功靠情商
说话靠口才

周高华◎编著

智者用心讲话
揭秘马云的说话智慧，充分感受语言的魅力
送给每一位创业者的高情商口才课

江西人民出版社
Jiangxi People's Publishing House
全国百佳出版社

目录
contents

前言 /001

第1章 成功，除了有头脑，还要有口才

1.1 成功，除了有头脑，还要有口才 /002

1.2 激情和梦想，是提升口才必不可少的因素 /005

1.3 如果连你自己都不信，又如何说服别人相信你 /009

1.4 当你炫耀聪明时，就开始变得愚蠢 /013

1.5 人微言轻，人贵言重 /017

1.6 不求说服背后骂你的人，但要说服眼前质疑的人 /021

第2章 有料、有趣、有内涵，一开口就能说服人

2.1 敢于自嘲，你将有别样的天 /026

2.2 用轻松来表达严肃，人生不会有尴尬 /029

2.3 打破思维禁锢，从不同角度说问题 /031

2.4 妙用比喻，给幽默注入点才情 /033

2.5 开启"幽默"模式，才更受欢迎 /037

2.6 质朴的语言，最能打动人 /040

第3章 做个善于讲故事的人,像马云一样演讲

3.1 每个成功者都会讲故事 /044

3.2 自己的经历就是最好的故事素材 /048

3.3 学会讲这四个故事,你也能像马云一样成为讲故事高手 /052

3.4 不会煽情的人,讲话往往缺乏感染力 /058

3.5 牢控节奏,精准地传情达意 /061

3.6 比喻,演讲的神奇魔棒 /065

第4章 打造你的话语权:每句话,都是权力的游戏

4.1 每句话,都是权力的游戏 /072

4.2 说话的底气来自实力 /078

4.3 刚柔并济,霸气外露 /083

4.4 塑造形象,样子讨喜很重要 /085

4.5 语气坚定,才能把话说得铿锵有力 /089

4.6 华而不实的说辞,只会让人生厌 /092

4.7 用信念说话,才更有分量 /095

第5章 高情商沟通的8个法则,让你在与人沟通时事半功倍

5.1 刁钻问题不好回答时,可回避式作答 /100

5.2 争一个"理"字,却输掉一个"情"字 /103

5.3 换一种表达方式,开口求人不再难 /107

5.4 打一剂"感受的预防针",巧妙避免冲突 /110

5.5 给出建议比直指错误更能激励人 /113

5.6 必须直话直说的时候,就要大声说出来 /116

5.7 谈别人感兴趣的话题,别人才会对你感兴趣 /120

5.8 自夸有术,从别人的角度夸自己 /123

第 6 章 逻辑说服术:告别说不清楚、说不到重点

6.1 说服不是诡辩,不要陷入循环论证的误区 /126

6.2 反击质疑,也要做到有理有据 /130

6.3 面对责难,用事实回应 /132

6.4 画龙点睛,用突出重点的结尾点醒听众 /135

第 7 章 7 步搞定沟通难题,让你不冷场、不怯场

7.1 即便是忠言,也可以像马云那样说得顺耳 /138

7.2 尊重别人,是保障沟通顺畅的法门 /141

7.3 向马云学习如何拒绝别人,而又不伤感情 /143

7.4 面对别人的"得寸进尺",要懂得反击 /146

7.5 感恩的话,一定要大声说出来 /150

7.6 找好话题,交流才能渐入佳境 /154

第 8 章 套路新奇、新鲜有趣的话术精进技巧

8.1 焦点放在"人"身上,才能收获好人缘 /160

8.2 借名人的名头说自己的话,效果会更好 /165

8.3 用模糊的语言来回避敏感话题 /168

8.4 坦诚面对自己,让批评变得更顺耳 /172

8.5 永远不要说抱怨的话 /175

第9章 傻瓜用嘴讲话，聪明人用脑袋讲话，智者用心讲话

9.1 引发共鸣，方能赢得人心 /182

9.2 以心换心，赞美的话要说到对方心里去 /185

9.3 抓住听众心理，才能赢得对方的心 /190

9.4 有些话，怎么说比说什么更重要 /193

9.5 要善于引导，而不是强势命令 /196

第10章 魔鬼口才训练法：告别笨嘴拙舌，成为说话高手

10.1 说得越多，对的可能性才越大 /202

10.2 口才好的人，都是没有被"唾沫星子"淹死的人 /205

10.3 走自己的表达之路，才是最好的路 /208

10.4 让对方跟着你的思路走 /211

前　言

　　提到马云，你可能会想到很多标签："成功的企业家""阿里巴巴的掌门人""时代的弄潮儿"……而这些标签的形成，离不开时代的机遇，离不开马云的执着、努力和高瞻远瞩，更离不开马云的口才。

　　在许多创业者的眼里，口才就是马云的工具，也正是得益于它，马云的梦想以及一切想法才能传播出去；淘宝追随马云多年的部下也曾公开在网上"吐槽"，形容马云的成功"全凭一张嘴"。当然，这一"吐槽"并非贬义，因为它还有后半句："他一开口，我们所有人都心甘情愿地信服他"。

　　的确，马云是真正的"草根"创业者，他最具有杀伤力的"武器"便是他的口才。当年，在创办中国黄页的时候，尽管没有任何资源，可是他凭借着三寸不烂之舌，仅仅用了6分钟，便成功赢得了2000万美元的投资。后来，在创办阿里巴巴时，一没背景、二没技术、三没资金的他，又是凭借着自己的人格魅力和良好口才，让众多英才投奔到他的麾下，一同缔造了淘宝的神话。再后来，马云又将阿里巴巴带入美国纽交所，而在准备上市的过程中，他的好口才再次发挥了重要作用，给人们留下了非常深刻的印象。

　　马云的语言是多彩的，它就像一团火，能够点燃听众的热情，给人以力量。听过马云演讲的人，都觉得他是一个语言的魔法师，在他与众不同的观点，逻辑严密的论证，含蓄、自嘲的表达中，隐藏的往往是幽默、深情和智慧。只要他一开口，所有的人都会被他吸引过去。

这便是马云的魅力，更是语言的魅力。

如今，我们正生活在一个越来越重视语言表达能力的时代。生活中，无论是应聘、竞争、推销、管理，还是恋爱、婚姻、家庭，都离不开一个"说"字。作为一种技巧、一种艺术、一门攻心的学问，说话是人与人之间交流思想、沟通感情、融洽关系、增进友谊的基础，它能体现出一个人的品格、修养、才学和城府，更能帮助人们营造良好的人际关系，获得成功。

一个会说话的人，在哪里都能如鱼得水、广受欢迎；而一个不会说话的人，就只能孤独地站在人群边缘，听着别人侃侃而谈。一个会说话的人，一张嘴就能抵十万大军；而一个不会说话的人，就算实力再强，也很难建功立业。

当然，没有人生来便能拥有炉火纯青、登峰造极的语言表达能力。想要成为高情商的说话高手，就需要在平时的工作、生活中多学习一些说话的方法，多积累一些说话的技巧。

古人说："三寸不烂之舌，强于百万之师。"本书以说话、沟通为主题，以马云的真实案例作为解析的主要内容，向读者展示了马云口才的惊人力量，多方面、多角度、多层次阐述了说话的技巧和方法。语言通俗、注重实操、易学易懂、轻松有趣，旨在让读者充分领悟语言的智慧与力量，并帮助读者练就"三寸不烂之舌"，解决说话难题、掌握说话技巧、做好日常沟通、提升说话水平，真正做到从"羞于开口"到"精彩说话"的转变，成为高情商的说话高手。

阅读此书，你会发现，马云的成功我们或许不可复制，但马云的口才，却是可以学习的。那么，让我们开启这段愉快的阅读之旅吧！马云的故事将与你在字里行间相遇。

第1章
成功,除了有头脑,还要有口才

语言是一种重要的沟通工具。成功,除了要有头脑,还要有口才。无论是在生活中,还是在职场上,口才表达能力都已经成为衡量一个人基本素质的标准之一。要想提升自己,让自己有所成就,就必须苦练口才,让自己说出的话更有力量。

马云，素有"怪才"之称，常常妙语连珠，依靠自身独具魅力的口才，说服合伙人、投资人、员工，继而将阿里巴巴的理念和电商平台推广进千家万户，甚至走向世界。他最经典的话语是：成功，除了有头脑，还要有口才。

马云说话之道

1.1 成功，除了有头脑，还要有口才

古语有云，"一言而兴邦，一言而丧邦""三寸之舌，强于百万之师""一言之辩，重于九鼎之宝"。先贤们认为，一句话的力量可以媲美百万之师，可以决定国家兴亡，他们把语言的力量比作"九鼎之宝"，可见从古至今，人们对语言与口才都极为重视。

纵观我国的历史，凭借好口才和说话的艺术而流芳百世的历史人物数不胜数。晏子使楚，以妙语制胜，外交家的风度表露无遗；苏秦、张仪合纵连横，游走于六国之间；诸葛孔明机智善辩，以一人之力舌战群儒；魏徵犯颜直谏、以人为镜的故事传为美谈。

在现代社会，口才的力量同样超乎你的想象，一个人会不会说话，甚至直接关系着他的前途。就拿求职面试来说，求职者的语言表达能力已经成为用人单位的考察重点之一，有些行业甚至把语言表达能力作为面试的门槛。

无论是在生活中，还是在职场上，语言表达能力都已经成为衡量一个人基本素质的标准之一。而且，一个人的语言能力往往反映了他的情商和社交能力。高情商、会社交的人一定是会说话的。而那些不会说话，或者说话不得体的人，社交能力也会有所欠缺。

在这种情况下，掌握说话的技巧和艺术已经成为我们的人生必修课，拥有高超的说话技巧就像拥有一件战无不胜、攻无不克的武器，它能帮助我们跨越生活中的障碍，建立与人沟通的桥梁，甚至可以让我们的生活和事业都更上一个新台阶。

语言就好比是我们的个人名片，通过言辞我们可以充分展现自己的个性，吸引别人的注意。虽然我们的脑海中有成千上万的词汇，但是当我们面对困难和挫折时，也要先唤醒这些词汇，才能成功"逆袭"。此时，我们就需要用到自己的好口才。

当今社会是一个展现魅力、开放包容的社会，也是一个激烈竞争的社会！商场如战场，一流的口才将是我们驰骋商场的制胜法宝。一人之辩重于九鼎之宝，三寸之舌强于百万之师。成功，除了有头脑，还要有口才。

马云在创立阿里巴巴之初，与孙正义仅仅聊了6分钟，就说服他给阿里巴巴投资2000万美元，这笔钱使得阿里巴巴彻底活了过来。马云用6分钟的时间获得了2000万美元的投资，这样的吸金能力无人能敌。而马云之所以能拥有这样的吸金能力，与他高超、自信的演讲力是分不开的。

马云的每一分钟演讲都价值千金。他的每一次即兴演讲都让听众忍不住鼓掌，每一次发言都风趣幽默且妙语连珠，每一次讲话都出口成章又富含哲理。一开口，他就能说服所有人。

连"股神"巴菲特都不止一次谈及自己年轻的时候不善于演讲，因此还报了一个口才培训班，目的就是提高自己的演讲能力，可以说好口才使他终身受益。

英国前首相丘吉尔说过："您能面对多少人讲话，将来您的事业就有多大！"一流的口才和公众演说能力，不仅可以让我们在短的时间内影响到很多人，而且能让我们在现代社会快速立足，这是获得成功的必备技能。

从古至今，人们都仰慕诸葛亮、苏秦、张仪这样的说话高手，他们的思想至今影响着我们的工作和生活。

微软前副总裁李开复曾经说过："有思想而不表达的人就等同于没有思想。"尼克松也曾说过："如果重进大学，会首先学好演讲和说服这两门课。"可以说，对于口才，全世界知名人士的说法基本上是一致的。

总之，口才是当今社会获得成功的必备技能之一。会不会说话，我们先看看以下三条，这样我们才能明白自己离"会说话"究竟有多远的距离。

◆说话的观点要鲜明，做到理性认识

说话的时候，观点一定要鲜明，这样既可以显示出我们对理性认识的肯定，又能显示出我们对客观事物的见解和通透程度，同时还能给别人一种可靠感。

◆说话的结构要清楚，做到层次简明

说话的主要目的是沟通，是让别人听的，是用来传递信息的。因此，我们在说话的时候要注意把结构讲清楚，做到层次简洁、分明，最好可以跌宕起伏，内容上尽量丰富一点。

◆说话的语言要流畅，做到生动风趣

我们要想把自己脑海中的一切想法都说出来，让别人既看得到又听得到，就一定要注意说话的方式和方法，尽量使自己的表述口语化，这样更通俗易懂。说的时候尽量做到风趣幽默，这样才能让人印象深刻。

如果你的口才能力还不能达到这三条，那么你需要好好阅读本书的每一个章节，学习马云的说服之术。如果你的口才能力基本满足以上三条，那么恭喜你，你已经达到口才能力考核的合格线。你也可以仔细地阅读这本书，开启你的口才培训之旅，继续提高你的口才。

口才何其重要，希望每个人都能重视并认真对待。

马云说话之道 | 激情和梦想,是口才必不可少的因素。拥有激情和梦想的语言确实可以感染很多人,但只有保持持续的激情才能说服更多的人。

1.2 激情和梦想,是提升口才必不可少的因素

众所周知,马云的演讲是以激情和自信著称的,说出来的话可谓是"语不惊人死不休"。比如,1999年,马云在创立阿里巴巴时就曾说过:"我们要做一个由中国人打造的世界性公司。"

但当时,所有人都认为马云在吹牛,认为他就是个"大忽悠"。而马云从来不在乎这些,依旧我行我素,用激情和梦想激励着自己的团队,并用实际行动实现了自己的豪言壮语,马云用成功狠狠地回击了那些说他是"骗子"的人。

有人说:"这个世界上本来没有神,只是有的人做到了常人难以做到的事,于是就成为人们心中的神。"而马云就是人们心中的"神"。

在阿里巴巴成立之初,员工们都很迷茫,也看不到方向和未来,他们不被业界看好,就连马云去谈融资、谈合作时也经常被人拒之门外。

但是马云并没有放弃,依旧用激情鼓励自己的员工说:"从现在起,我们要做一件伟大的事情。我们的B2B将为互联网服务模式带来一次革命!""我们要建成世界上最大的电子商务公司,要进入全球网站排名前10位。"

其实,吹牛和真理往往只有一线之隔,如果我们用实际行动实现了自己

吹过的牛，那么曾经吹过的牛也就变成了真理；如果我们只有一时的激情，没有持之以恒的坚持，那么不管我们说什么，别人都会觉得我们是在吹牛。孙正义曾经这样评价说："马云是唯一一个10年前对我这样说，10年后依然对我这样说的人。"

马云经常把这句话挂在嘴边，"我们要做一个由中国人打造的世界性公司"，这也是马云激情背后的坚持。马云也曾说过："我得感谢的是阿里巴巴的全体员工，是你们把我吹过的牛都圆了起来。外界只看到了我们的高调，却很少有人知道我们长达数年的坚持和等待。"

有人说，马云的成功离不开他那张能说会道的嘴。的确如此，阿里巴巴的老部下也曾说过："只要他一开口，我们所有人都心甘情愿地信服他。"马云的演讲总能给人们带来激情，他很好地把自信与激情传递给听众，给人一种奋发向上的力量。

要知道，当初马云说"我们要做一个由中国人打造的世界性公司"这句话时，中国的电子商务还没有多少人能理解，大多数人对这句话嗤之以鼻，认为马云是痴人说梦。2013年，马云的阿里巴巴平台已经实现了1.5万亿元的交易额，当之无愧进入世界前列。

在这短短的十几年间，马云从一个吹牛的人变成了一位真正的商界牛人，从当初的豪言壮语，到后来不断实现自己的豪言壮语，这一切的巨变，惊动了英国前首相卡梅伦、美国前总统奥巴马等各国政要，他们也纷纷接见这位来自中国的"巨人"。

马云说："一次次失败的积累，只要不把我打死，还会再来过。眼下的困境不是最重要的，关键是心存理想，把握自己的未来，看到事物积极的一面，改变自己。"他不仅是这样说的，也是这样做的。豪言壮语谁都会说，可真正能实现豪言壮语的却是少之又少，马云的成功之道就在于他实现了自己的豪言壮语，使人信服。

要知道，激情和梦想是口才必不可少的因素。拥有激情和梦想的语言确实可以感染很多人，但只有保持持续的激情才能说服更多的人。因为说服是一个漫长的过程，一次的感动只能让对方对我们产生好感，还不足以使对方完全信服我们，只有持续的激情和梦想，才能不断地感染人，才能达到我们说服他人的目的。

激情和梦想不仅可以使自己充满活力，还能点燃别人心中的火焰，与听众产生情感共鸣。可如果我们的激情不够持久，那么这种力量必定不会长久，同时也起不到说服他人的作用。因此，保持激情和梦想才是成功的关键所在。

那么，我们应该如何像马云一样时刻保持自己的激情和梦想，并用富有感染力的语言去说服他人呢？

◆激情来自于梦想，实现梦想需要脚踏实地付出行动

马云最擅长的就是用梦想激励年轻人奋发向上，但同时他又反对幻想。梦想与幻想只隔着一条河的距离，这条河叫作"不切实际，没有行动"。没有实际行动的梦想都只能是幻想，这就是为什么有的人谈及梦想时总是遭到质疑，而马云却总能用梦想说服他人。

马云说："阿里巴巴开始做的时候，不是一个简简单单的梦想，更不是幻想。今天我看到很多人幻想挺多，天天想。幻想是什么？不切实际、没有行动，总觉得别人不对。所以我自己觉得，我走过来，我们有一帮人，十几个人，在家里面，大家坚定共同的信念，许诺一起走。我们那个时候说要50万元人民币，如果我们失败，找不到钱的话，我们18个人一起去找工作，我觉得我们还是有机会的。"

从上面马云所说的话中，我们可以看到马云当初创立阿里巴巴时，并没有像别人一样给出大的、空的承诺，而是简单地向大家传递了一个梦想，然后大家一起坚定目标、同舟共济，这样梦想才能实现。

许多人都喜欢把自己的梦想吹嘘得很大，让别人摸不着边际，认为这样才显得"高大上"，其实这是一个错误的做法。特别是对创业者而言，只有切合实际的梦想才能更准确地传递给团队，才能更好地凝聚团队的战斗力，激励团队奋发向上。

除此之外,创业者的梦想不能今天变个样,明天变个样,因为这样的梦想毫无说服力,甚至还会让员工失去奋斗的目标。因此,作为一个合格的创业者,我们应该保持自己最初的目标,并把这种目标传递给团队,然后一起朝着目标而努力。

◆激情来自于成功,找到自己擅长的事

有人说,激情的天敌是挫败感,要想获得成功,首先要充满激情做事,这样才能越来越好。而马云却说,人们都将这个规律倒置了,他认为人们首先要做的应该是找到自己擅长的事,因为激情来自于成功,而不是挫败。要想保持激情,我们必须先忠于自己的梦想,没有梦想的人,他的激情容易受到外界的影响,甚至会被现实扼杀。

马云曾经说过,激情是可以培养的。比如,当我们认为自己的绘画比周围所有人都好的时候,我们会产生一种膨胀的激动,这就是所谓的激情。这种激情会激励着我们继续绘画,并在绘画中获得满足感,在绘画中获得更多的激情,这种良性的循环会促使我们画得越来越好。

◆激情来源于目标,坚定的目标点燃做事的激情

我们要给自己设定一个足够坚定、有挑战的目标,这样我们才能主动去做,从而点燃自己的潜能、激发自己的激情。

只有拥有了激情,我们才能在与别人说话的时候,富有激情和力量。

不过需要注意的是,我们在说话的时候千万不要太用力,更不能歇斯底里,因为这些都不是激情。那些说话大声喊叫的人,不管说什么都好像怕别人不知道一样,这样的人表现出来的不叫激情,他们说出的话不仅不能让人信服,反而会让人讨厌。我们要像马云那样,说话的时候表情要坚定不移,语气要豪气万丈,这样的激情才能让人信服。

马云说话之道 | 自信是一种力量,可以帮助我们更好地传递语言信息,使我们的语言更有说服力。因此,在说话的时候要保持自信,说让自己相信的话,这样才能获得别人的认同。

1.3 如果连你自己都不信,又如何说服别人相信你

我们在说服别人之前要先加强自己的底气,缺乏底气是达不到说服效果的,因为底气不足将很难说服别人。但是,在现实生活中有底气的人却并不多。

曾经有一位演讲家对台下的观众说:"我想问大家一个问题,觉得自己很有魅力的,请举手!"结果在场的观众没有几个举手的,而那几位举手的人反而被别人指指点点:"这些人也太自恋了吧,还以为自己真的很有魅力呢!一点都不谦虚。"

其实,在生活中大多数人处在这种"自谦"的状态,他们不仅不敢肯定自己,还会鄙夷那些自我肯定的人。但是,如果人们长期处于这种"自谦"的态度中,会大大降低自我心理预期,长此以往是不利于建立自信心的,进而会让人们变得越来越没有底气,最终影响人们的说服力。

我们的底气究竟来自哪里呢?我们的底气来自于我们的自我肯定和表现自我肯定的能力。底气就是敢于承认自己、表现自己,说白了底气就是强大的自信心。

强大的自信心是说服力的基础,那些卓越人物的身上往往就具有这样的特

点：无论他们做什么事，都充分相信自己的能力，勇往直前，直到战胜困难。反观那些没有自信的人，他们缺乏说服力，不管他们说什么，都容易被人忽略，因为缺乏自信心的说服听起来就像是谎言。

为什么会有这么大的差别呢？因为，当我们拥有自信心时也能给别人带来信心，如果我们连自己都不相信，又如何说服别人相信我们呢？

试想一下，当一个人给我们讲一件事的时候，语气犹豫、不肯定，甚至还有些畏缩时，我们的第一反应肯定是怀疑这件事的真假。相反，当一个人用非常肯定的语气跟我们说某件事的时候，我们反而会更容易相信他。

比如，我们去买水果的时候，问道："老板，这个橘子酸不酸？"

老板回答说："应该不酸吧！"

这种不确定的语气会让我们产生怀疑，最后我们可能就不会买橘子了，甚至会什么都不买就离开了。

事实就是如此，一个拥有自信的人会让我们觉得他非常有底气，那么他说出来的话也会更容易让人接受；相反，一个没有自信的人会让我们觉得不靠谱，那么他说出来的话自然就没什么说服力了。

众所周知，马云在创立阿里巴巴以前，还做过一个互联网创业项目，那就是中国黄页。在创业初期的前四个月，马云面对的最大难题就是销售。要把一种看不见、摸不到的东西卖给别人，其难度可想而知。

当时的马云经常碰壁，每天会面对各种各样的拒绝，甚至是侮辱，然而即便如此，马云依旧充满自信地说："我有一副天生的好口才，为什么不能在大街上宣传我的公司？"马云的这种自信宣传和讲解最终说服了客户，公司的订单也随之多了起来。

后来，马云创立了阿里巴巴后，他充满自信的语言就更广为人知了。

比如，马云说："我坚信一点，中国电子商务刚刚起步，中国到现在为止还没有真正的互联网公司，中国在突破2亿互联网用户以后，会发生剧烈变化,那时候中国才能真正诞生世界级的互联网公司。"

马云说:"阿里巴巴、新浪等现在都还算不上真正的互联网公司,而互联网的未来是网商创造的,包括百度这样的公司,都是网商在支撑着它们的生存。"

自信是一种力量,可以帮助我们更好地传递语言信息,使我们的语言更有说服力。因此,在说话的时候要保持自信,说让自己相信的话,这样才能获得别人的认同。

那么,我们在说话的时候要如何表达,才能让别人感受到我们的底气呢?

◆从生理的角度进行心理调节

要知道,生理和心理之间的变化是互动互制的,心理上的变化会引起生理上的变化,而生理上的变化同时也会引起心理上的变化。如果我们不够自信,感觉有些怯懦时,那么我们可以在生理上做出一些调节,以此来帮助我们缓解心理上的卑怯和紧张。比如,我们可以试着深呼吸、搓手,或是稍微走动一下,舒缓紧张感。

◆以心理暗示进行心理放松

我们都知道,心理上的卑怯现象最根本的原因是心理夸张性感受所致,想要解决这一现象最重要的是让心理感受重新归位。此时,采用心理暗示的方式是最好的解决办法,我们不仅要对对方有一个客观、明确的认识,还要对自己有一个准确、公平的评估,只有这样我们才能保持头脑清晰、树立自信心。

当我们与别人说话明显感觉自己没有优势时,我们可以给自己这样一个心理暗示:他有他的优势,我有我的优势,我也有他比不上的优势。

◆加强对对方的认识,提高自信心

其实,说话卑怯从本质上来说是因为我们对对方的评价过高引起的,而过高地评价对方,就会不自觉地对自己进行悲观的评价,这样就会在无形中看轻了自己,从而产生了距离感,那么卑怯心理就这样随之而来了。

要想解决这一问题,就需要加强我们对对方的认识,提高自信心,不要过于"神化"对方，要从心里把对方当作一个普通人。要知道，交谈双方的关系是平等的关系，千万不要刻意地拉开双方的地位和距离，我们在说话时要摆正自己的位置，提高自信心，这样卑怯心理就不会产生了。

◆用确定的语气说话

如果我们在说话的时候自己也觉得不确定，那么这种不确定感就会通过我们的语言传递给对方，我们所说的话也会让别人以为是在问问题。解决这一问题的办法就是：在每句话的结尾都用降调的语气，这样我们说出来的话就变得很肯定了。如果说话的结尾采用升调，那样会给人一种不确定的感觉。

总之，说服人是需要底气的，在这个"气场为王"的时代，强大的气场能吸引更多的人，说服更多的人，而一个说话毫无底气的人显然是没有气场可言的。因此，如果我们想拥有强大的说服力，就必须先要有底气，语言能够传递信心和底气，一个连自己都不信的人，是很难说服别人的。

马云说话之道 | 不要因为虚荣心作祟就说一些夸大事实的话，夸大其词并不会让你的身份抬高多少。俗话说："满瓶子不荡，半瓶子荡"。那些真正有成就的人，不会把自己炫耀于众人之前，他们只会说实话、做实事。

1.4 当你炫耀聪明时，就开始变得愚蠢

我们常常听到前辈说："满招损，谦受益"，这个道理大家都懂，然而真正做到的人却不多。大部分情况下，我们只是把这句话当成口号，当我们真的经历这样的事情时，这句口号一点作用都没有。

其实，在我们身边这是一种很常见的现象。每个人都想在公共场合将自己最好的一面展现出来，成为全场的焦点。当你想要表现自己的想法太强烈时，就会不由自主表现得太"过火"，聊天的时候故意夸大自己，特别是讲到自己的成就时，明明只有十分，却要讲到一百分，而且还会故意隐瞒一些对自己不好的信息。

人有这种心理是很正常的，谁不想得到他人的尊重和敬仰呢？但是这种做法不仅会显得自己情商低，还会给人留下一个只会说大话的形象。很多时候，坦然承认自己"无知"，并不丢脸。特别是在说自己的成就时，不用刻意隐瞒那些过失。人非圣贤，孰能无过，有失误的人生才显得真实，才能获得别人肯定的掌声。

马云就是一个非常真实的人，他的成功让人非常羡慕，同时他强大的人

格魅力让人不由自主地想向他靠拢。因此，有的崇拜者就会把马云当成"神"一样顶礼膜拜，说话时字里行间都透露着对他的敬仰。一般的人在面对他人的吹捧时，会在虚荣心的驱使下默认，但是马云却从不这样。

有关马云的传说有很多，但是最有名的还是他在六分钟之内就拿到了软银集团2000万美元的投资。这个"传说"有很多版本，都是口口相传，但是都不如马云自己说的真实。

马云："我的合作者还挺不错的，像那个孙正义。软银的孙正义，他是一个我非常敬佩的人，我跟他谈判六分钟就可以解决所有的问题，我们第一次谈判六分钟就解决了2000万美元的投资。"

主持人："六分钟2000万？"

马云："前几天我们更神奇了，因为有时候人与人之间这种化学反应，很多人认为我们两个是疯子。"

主持人："你有没有问过他为什么跟你接触六分钟就敢投2000万美元？"

马云："远远不止的，后来我说不要那么多。"

主持人："这是为什么？"

马云："我也不知道，以后要问问他了，反正我们两个人挺逗的。上个月我在东京也是跟他一起，他说我相信你，我说我也相信你，所以在我最倒霉的时候你没来责怪我，因为你有太多事情要责怪，所以来不及责怪我。"

主持人："换而言之，你身上哪一点被他相中了？"

马云："有一点，我们两个都想做真正的有意义的大事情。就是说很多人可能讲我想赚钱，而我觉得我想做的是一个这么庞大的计划，做80年的企业，做世界十大网站之一。我记录了这几年所做的事情，他觉得这个人的心特大，而且这些股东全是世界一流的。我在全世界选择股东，日本选的孙正义，美国选的高盛，欧洲我选择Investor AB（瑞典银瑞达集团），像ABB、爱立信都是他们控股的家族企业。在亚洲选的，我不仅要人家的钱还要人家的人，因为我觉得孙正义的钱跟其他钱不一样,我要的是背后他能够给我带来什么,给我哪些支持。"

马云并没有夸大自己,而是用"不知道"三个字来形容。他把外界传说得神乎其神的融资传奇,轻描淡写地形容为两个人之间的吸引。这种把实力转化成偶然的做法,就是谦虚。我们应该学习马云这种谦虚的精神。

很多事情,把真实情况还原就可以,没有必要神化,特别是自己获得的成就,如果一直夸大、吹嘘,就会给人一种不可靠的感觉,那样就不好了,当你开始炫耀自己的智慧时,就已经显得自己很愚蠢了。

不要因为虚荣心作祟就说一些夸大事实的话,夸大其词并不会让你的身份抬高多少。俗话说:"满瓶子不荡,半瓶子荡"。那些真正有成就的人,不会把自己炫耀于众人之前,他们会说实话、做实事。只有这样,才能获得他人的认可。如果一个人把其他人当成"傻子",以为自己的谎话大家听不出来,那么迟早有一天他会为自己的虚荣买单。

那么,我们在学习马云的这一说话技巧时,有什么具体的技巧可以遵循的呢?

◆**尊重对方,是人们彼此沟通时要坚持的第一条原则**

马云处世的准则之一就是尊重,也许你觉得阿里巴巴能成为如此宏伟的商业帝国,是马云的功劳,但是马云不止一次在公共场合表明是他离不开阿里巴巴。这就是一种谦虚、尊重他人的表现,我相信所有阿里巴巴的员工听到这句话都会很感动、很满足。这就是马云的独到之处。

不管身处何时何地,何种地位,都要学会尊重。既要尊重他人的劳动成果,也要尊重他人的工作方式。不要用颐指气使的语气来和他人说话,这不是个性,而是不礼貌。尊重是人与人相处的基本准则。

◆**以团队中一员的身份出现时,不可把所有功劳都安放在自己身上**

每个人都有虚荣心,喜欢自抬身价,这无可厚非,因为我们每个人都有一颗渴望被他人认可的心。但是，即便如此，也要把握住尺度。特别是当你以团队成员的身份出现时，更要注意说话的分寸。你可以宣传自己的团队有多强，也可以向大家展示团队取得的成绩，但是不能把所有的功劳都归结到自己身上。一个人最重要的是，要学会尊重他人的付出和劳动成果。

◆当你取得一些成就时，最重要的是把心态摆正

从心理学的角度来说，一个人在取得一些成就时，说话会不知不觉地抬高自己、炫耀聪明。这时你要做到谦虚地与对方沟通，最重要的就是摆正心态。

大家应该明白，人和人之间的关系是平等的，没有高低贵贱之分，只是大家的际遇不同而已。很多时候不是谁比谁更有头脑，而是谁比谁更能抓住机会。明白了这一点，就不会觉得自己比他人高出多少，用高高在上的语气跟别人说话了。

除此之外，不要拿无知当个性。很多人觉得，想获得他人的关注就要让自己显得与众不同，但是这些人不明白，这种"与众不同"区别在谈吐和修养上，而不是扎眼的行为举止上。所以大家常常会陷入一个误区，为了不同而不同。这些人常常会用一些轻浮的方式展示自己，给他人留下一种不尊重人、自以为是的印象。

人与人都是一样的，没有高耸入云端，也没有低微入尘土，所以不要总觉得自己比其他人厉害。像马云这样坐拥无数财富的人，尚且谦虚谨慎，其他人又有什么资本狂妄自大呢？

要明白，狂妄不是个性，而是浅薄。当你在炫耀聪明时，就开始变得愚蠢。

马云说话之道 | 我们在锻炼自己口才的同时，还要在自身的修养和能力上下功夫。只有内外兼修，才能让自己有信心、有底气，让别人信任、尊重和喜爱。

1.5 人微言轻，人贵言重

当我们与一个陌生人交往时，该怎样判断这个人是否值得信任呢？答案是：第一印象。倘若这个与我们素不相识的人看起来衣着体面而且有身份，我们下意识地就会选择信任他；假如对方衣衫褴褛又一副郁郁不得志的样子，那么我们可能很难信任他。第一印象的不同，让我们对待对方的态度也产生了区别，哪怕这两种人说的是同一句话，我们也认为那个看起来成功的人说得更有道理。这就是人们常说的"人微言轻，人贵言重"。

可能有人会说，这种认识是很主观的，但其实不然，这种认识只是人们基于社会生活经验所产生的一种共识。这种共识告诉我们：想要让自己说的话更有分量，更值得别人相信，就要努力提升自己，让自己成为一个值得他人重视和信任的人。

不同身份的人，所说出的话有不同的分量，在当今社会获取的身份和地位，就能展现我们所取得的成就。因此，如果我们想让自己获得更多信任，想让自己的话更有分量，就要努力让自己有所成就。

在宁波会员见面大会上，马云对台下的阿里巴巴客户说：

我训练干部管理团队,在问题发生之前就要处理掉。我今天做的工作,为今天而做。你做的任何决定是公司3～6个月之后发生的事情,如果没有人能取代你,你永远不会升职。只有下面的人超过你,你才是一个领导。你6个月找不到替代的人,说明你招人有问题。6个月你找不到人说明你不会用人。领导是把人身上最好的东西发现出来。你要找这个人的优点,找到的优点如果连这个人自己都不知道,这就是你的厉害之处。如果有一只老虎在后面追你,你的奔跑速度自己都不可想象,为什么跑这么快?因为有老虎追你。每个人都有潜力,关键是领导要找出这个潜力。我们是怎么想到这一招的?我看美国NBA打篮球,为什么越打越好?是因为板凳上坐了12个人,下面的人很想上去,都认为自己打得不差。场上面的人压力很大。这样你就需要有一套制度,要用制度保证你的公司。所以我们在培养干部队伍方面,成立了学习制度。

　　……

　　投资者给你钱的时候,你记住,有一天你一定要还他,这是做人的品质。我们有一点感到骄傲,那就是在刚刚创业的时候,我们几乎不打出租车。有一次我们必须打车,一辆桑塔纳驶了过来,所有人的头都转过去了,一看夏利过来,又都马上把手招过去。因为桑塔纳的车费比夏利贵一块多钱。我们今天所花的钱都是投资者的钱,如果有一天花自己钱的时候,可以大胆地花。所以这两年,我们以小气感到骄傲。

　　马云在讲话中一直在强调要努力做得更好,虽然他并没有讲大道理,而是阐述了发生在自己身上的一些小事,可是他的话却具有很强的说服力,也给了很多人前进的信心和方向。为什么马云的话有这样的魔力呢?这跟他成功的事业是分不开的,因为他取得的成就世人瞩目,所以他的话才能拥有让人相信的力量。

　　表达能力和口才对我们来说非常重要,但我们也要清醒地认识到,表达有时候只是一种途径,是我们把自己介绍给别人、获得别人认可的途径。但是,真正能让别人产生认同的并不是语言，而是我们自身。我们的品质、修养、成就都是别人考量的对象，只有从这些方面认可了我们，才会对我们产生信任。

我们在锻炼自己口才的同时，还要在自身的修养和能力上下功夫，只有内外兼修，才能让自己有信心、有底气，让别人信任、尊重和喜爱。

要学习马云的这一招说话技巧，我们还可以利用"借他人的话来抬轿子"。所谓"借他人的话来抬轿子"，就是当有很重要的对双方都有益的话，需要让对方相信的时候，我们不妨说一个善意的谎言，用名人来包装自己。

马云在一次阿里巴巴员工大会的讲话上，公开承认自己在创业初期曾经故意把自己的话安在比尔·盖茨身上，因为只有这样，才有人愿意相信他所说的话。马云是这么说的：

我觉得有一句话，在讲之前，我想把公司最精髓的东西跟大家讲一下，阿里巴巴最精髓的是"拥抱变化"和"永不放弃"。

很多人创业想发财、想赚钱，为了生存而创业。也许大部分人是这样，我觉得我们去创业的时候，是要证明自己是对的，证明自己对的是什么。我们要证明我们可以通过互联网帮助很多人获得财富，互联网会改变人类生活的方方面面，这句话是我说的。

当时我说互联网将改变人类生活的方方面面，没有人理我，我就改成比尔·盖茨是这样说的。我们1994年、1995年开始执着地走这条路，确定互联网会改变生活，我们要帮助中小企业，帮助创业者，帮助弱势群体。

马云在最初创业的时候，很多人都不看好他，也不认同他，他四处演讲的时候，还有人把他当成骗子。虽然得不到别人的认同，但是马云自己心里很清楚，他走的这条路一定是正确的。可是，当时的马云人微言轻，于是他采取了"张冠李戴"的做法，把自己的话安在了比尔·盖茨身上，借比尔·盖茨的影响力和名声来传达自己的观点。慢慢地，人们开始重视互联网，马云用自己的成就成功地打消了别人对他怀疑。

借用别人的影响力是一种巧妙的说话技巧，也许有人会说这种做法不够诚实，但是只要我们的出发点是善意的，那么，稍稍借用一下别人的名义也是无伤大雅的。这种说话技巧既没有给别人带来伤害，也没有吹嘘自己，只是给我们说出的话增添了一点"分量"，我们为什么不试一试呢？

不过，最重要的事，还是要提升自己，让自己有所成就，只有这样才能让自己说出来的话更有力量。

马云说话之道 | 对于那些自己看不到的人或事，让他们随风飘去，不要让他们影响到自己；而那些眼前的人和事，才是自己应该把握的。

1.6 不求说服背后骂你的人，但要说服眼前质疑的人

人生在世，总不会事事如意。有人喜欢我们，就会有人讨厌我们，几乎每个人的一生中都或多或少会遇到几个讨厌自己的人，这是无法避免的事情。如果说一个人觉得自己从未被其他人讨厌过，要么是这个人过于自负认为人人都应该是喜欢自己的，要么是这个人过于愚笨看不清别人的态度。

虽然说有人讨厌我们是再正常不过的事情，但是大家都希望讨厌自己、不认同自己的人越少越好。如何才能实现这样的希望呢？最好的方法就是沟通。

很多时候，我们常常不能及时发现他人对我们的讨厌，甚至是厌恶。因为，即使对方不喜欢我们，也不会当面表现出来，他们往往会在我们的背后说我们的不是。而当他人对我们不满的话传进我们的耳朵时，或许是很久以后了。

遇到这样的情况，我们已经无法再去向对我们不满，或是质疑我们的人解释什么了。唯一能做的就是跟向我们传达的人尽心解释，让这个传达的人对我们表示认可。

马云就曾经用过类似的方式，说服眼前质疑他的人。那是在一次《时尚先生》的采访中。

主持人："你刚才讲到，社会上也会有讨厌马云的人，但是我从外部观察的角度来讲，这些人大部分是从2011年之后开始出现的，你觉得原因是什么呢？"

马云："其实一直都有。只是2011年之后，发生了几件事情。当然，所谓的正义之士就是在支付宝的事情上对我咬牙切齿，他们觉得我这个人背信弃义，违背契约精神，好像我要干掉整个中国互联网，把VIE（协议控制）跟我扯上了关系。

……

我们不是这样的人，但在做这件事情的时候，话语的主动权不在我们这儿。我们在做事，别人在说事。说的人最容易，而且前面先定论你就是这样的时候，你便说不清。又刚好吻合微博刚刚起来的时候，所有的人一致认为这社会上都是坏人。

时间会证明一切。所以，恨我的人，我没有办法让他们happy（高兴）。我也没有办法让所有人都喜欢我，我也不希望所有人都喜欢我。你喜欢我干吗？和我有什么关系？我老婆也只能娶一个，对不对？"

很多人不喜欢马云，他是知道的，同时马云更知道他是无法做到让所有的人都喜欢他的，尤其是那些本身就对他有质疑的人。但是，马云知道，有些人是因为不了解真实的他和真实的情况而产生了误解，这些人的误解和质疑大多是来自于道听途说。因此，对于这些人，马云深知解释和说服的重要性，唯有解释清楚，才能解除眼前人的误解，让眼前人喜欢上自己。

马云在《时尚先生》的采访现场解释那些人为什么骂他，其实不仅仅是为了解释，更多的是为了让在场的所有人都能了解事情的来龙去脉，更让在场的人不要因为误解而质疑他、不喜欢他。对于那些骂他的人，马云不需要他们喜欢自己，也没有必然要让他们喜欢自己。

从马云的这番解释中，我们不仅能看到一种处世的智慧，更能看到一种高超的说服技巧。对于那些自己看不到的人或事，让他们随风飘去，不要让他们影响到自己；而那些眼前的人和事，才是自己应该把握的。真正有智慧的人，往往懂得把握眼前和当下。

所以说，当有人在背后骂我们，由第三个人将这些话传到我们的耳朵里时，千万不要着急去找说我们坏话的人理论，而是应该展示自己的宽容和大度，不要去理会他。当然，这样做并不是代表我们真正地原谅了那个骂我们的人，而是为了让传话的人看到我们的宽容和大度，对我们产生更好的印象，这样一来这个人就会成为我们的朋友而不是敌人。

意气用事是最没有用的，除了会让我们陷入坏情绪的深渊，什么都给不了我们。因此，在说话和做事之前，最好能冷静地思考一下后果，选择对我们最有利的去做。

马云：
成功靠情商
说话靠口才

第2章
有料、有趣、有内涵，一开口就能说服人

要想更好地说服他人，就要保证自己说出的话有料、有趣、有内涵。幽默有趣的表达、多角度的思考、巧妙的比喻、画龙点睛的自嘲等，这些都是增加我们语言力量的重要因素。掌握了正确的说服技巧，并懂得为自己的语言润色，那么，说服就会变得更简单。

敢于自嘲，你将有别样的天。我们无法左右他人的冷嘲热讽，也无法阻挡他人背后的议论纷纷，但我们却可以通过自嘲来化解尴尬，减少一些不必要的麻烦。

马云说话之道

2.1 敢于自嘲，你将有别样的天

"京东将来会成为悲剧，这个悲剧是我第一天就提醒大家的，不是我比他强，而是方向性的问题……所以，我在公司一再告诉大家，千万不要去碰京东。"

这句话原本是马云是在私底下与朋友"闲谈""吹牛"时说的话，结果却被朋友录音外泄，最终演变成了一篇标题为《马云告诫员工别碰京东：京东将会成悲剧》的不实报道。

这是2015年1月8日发生的大事件，此报道一出，便在网络上引发了一大波争议。

好好的一句话，被人曲解成这样，马云自然不愿当这个"背锅侠"。于是，针对这篇引起争议且带有误导性的不实报道，马云紧随其后采用幽默风趣的发文为"误伤"了京东道歉：我好为人师，"毁人"不倦。

下面是马云在微博发表的道歉原文：

上午，收到公关部王老总一条短信："恭喜您马总，聊天聊嗨了？没想到朋友录音成文吧？"我回他："防不胜防，下次聊天上澡堂……"

我这个人喜欢聊天，漫无目的，海阔天空，痛快淋漓而只图"嘴爽"。这些年在很多不同场合，我说了不少的"疯话"、"胡话"和"愚蠢的吹牛"，给自己也给别人带去了不少问题和麻烦：轻狂和无知总是一路伴随着我，我这年龄真不该"童言无忌"啊……

诙谐幽默的语言表达方式，在任何场合下都能化解尴尬。就像马云用"防不胜防，下次聊天上澡堂……"这样一句幽默的话语来调侃自己，也是为了化解尴尬，并对自己的言行失当而道歉。我们可以看到，整个道歉信马云都在运用诙谐幽默的语言表达方式，审视自己的言行，同时又给人一种不卑不亢的感觉。

一样的话可以百样地说，而诙谐幽默的方式无疑是最受人欢迎的，这样的人敢于自嘲，敢于通过调侃自己引人发笑，同时也向他人展示着其高超精进的语言艺术。毫无疑问，马云就是这样一个善于通过自嘲来制造幽默的人。

有一次，马云陪球星贝克汉姆参观阿里巴巴集团。参观完毕后，二人合拍了一张照片，并被人配文"老帅哥"与"新首富"。"老帅哥"自然是形容马云的，可马云听到这个称呼并不是很高兴，他在自己的社交媒体自嘲道："老史（指史玉柱）同样是巴掌脸称人家是'大帅哥'，为何人家就那么讨人喜欢，可以当男朋友，而咱们只能做爸爸！"

一句自嘲，瞬间将紧张的气氛变得轻松起来，并给人带来欢声笑语。可惜的是这个社会上并不是所有人都敢于自嘲，一些人甚至把自嘲当作是作践自己。但这种想法恰恰是错误的，自嘲并不是作践自己，而是通过自嘲营造一种轻松愉悦的聊天氛围，展现自信、乐观的生活态度。

敢于自嘲，你将有别样的天。我们无法左右他人的冷嘲热讽，也无法阻挡他人背后的议论纷纷，但我们却可以通过自嘲来化解尴尬，减少一些不必要的麻烦。

下面三个诀窍，可以教会我们如何自嘲。

◆**内容上错位反差是门道**

错位反差是什么意思呢？就是说幽默的实质是利用内容上的错位和反差，

以一种区别于常规的语言和思维方式,给人制造一种心理上的落差。

例如,德云社的相声大多是采用这种内容上的错位与反差来制造幽默、产生笑点的。

◆语气上要笑也是之后笑

除了在自嘲的内容上制造笑点引人发笑外,我们在语气方面也要加以配合,这样才能双管齐下,达到一个最佳效果。

当然,我们还要注意一个问题:即便自己被逗笑了,也要适当加以克制,总不能笑点还没说出来自己一个人就在那里乐呵吧!这样的话,不明所以的人还以为我们傻呢?

所以,语气上要笑也是之后笑,等笑点出来后再笑也不迟,这样才能更好地带动全场气氛,收获不一样的效果。

◆角度上避免误伤很重要

不知大家有没有发现,为什么"万事俱备后,东风迟迟不来"呢?其实,"东风"之所以没来,除了笑点本身存在问题外,可能也源于我们在自嘲时没有注意角度而误伤了他人。

因此,自嘲时我们也要注意选择合适的角度,千万不要做一些搬起石头砸自己脚的糗事。例如,胖的话就不要拿自己的体重来自嘲,这样的话只会给人一种不自量力的感觉。

总而言之,以上三点诀窍都可以帮助我们学会如何自嘲,但有了诀窍后,我们在自嘲的过程中也要保持心情愉悦,唯有这样,自嘲才能给人一种不扭捏、不做作,真情流露的感觉。

要知道,在与人交谈的过程中,通过自嘲制造幽默能起到一个很好的助力效果,但如果确实没法制造幽默,也无关紧要。毕竟,风趣幽默、真情流露的自嘲才能给人一种最愉悦的舒适感。

马云说话之道

美国心理学家保尔·麦基认为，在社交中，幽默具有举足轻重的地位，那些谈吐幽默的人比那些没有幽默感的人，往往更容易打开交际的局面。

2.2 用轻松来表达严肃，人生不会有尴尬

马云在沈阳"2015中国绿公司年会"上做演讲时，王健林想请马云入"腾百万"的局，顺便也挑战一下马云。

王健林向马云提问道："我提一个问题，去年我跟百度、腾讯成立一个公司，有人给我们取名字，说我们叫'腾百万'（TBW），更可恨的是我们还有一个名字，叫'玩淘宝'（WTB）。第一，你认为我们会是'玩淘宝'吗？第二，假设我们三个是梁山的晁盖、宋江和吴用，现在想拉你入伙，你上不上梁山呢？"

面对王健林的挑战，马云机智地反将了王健林一军。

马云说："任何一个组织，首先要问你的使命是什么？愿望是什么？共同的价值观是什么？要得到的结果是什么？只有这样，才能建立一个了不起的组织。梁山108将，合在一起的核心是'替天行道'，他们共同的价值观是江湖义气，兄弟为大，他们很遗憾，没有建立一个真正的愿景。所以我觉得这个组织的问题在这儿，你们三家我觉得有点像'凑拢班子'，健林需要完全彻底地改革，进行转型，我深刻理解。另外两个兄弟觉得，反正也不是我出钱，有人去搞阿里，我觉得很高兴。大家真的这么想，因为这个市场之大，联合在一起，是可以做到非常大的市场；真正未来机会所在，如果阿里有机会能够跟万达这样的企业传统的经济结合好，大家共同明白的是开拓未来，创造未来，

而不是战役上的防御、战役上的抵制，否则任何结合都是乌合之众。"

上面的这段话很好地体现了马云在面对挑战时的机智和幽默，他能在短暂的交锋中随机应变。

如果我们能随机应变，把幽默运用得恰到好处，不仅能在关键时刻替自己解围，还能为自己赢得更多的机会。幽默不是单纯地讲笑话，有些人为了让自己变得更幽默，会刻意地讲一个自己认为很好笑的笑话，可别人并没有觉得好笑，结果大家都很尴尬。

马云的幽默是用一种轻松的方式来表达严肃的问题，这种方式不仅不会让人觉得唐突，还能给人一种积极向上的感觉，这种幽默才是高端幽默。而有的人在演讲的时候总是刻意博人一笑，这种所谓的幽默会给人一种不庄重、不舒服，没有内涵的感觉。

2008年，马云在一次演讲中说："今天中午我在外面吃饭，餐厅老板问我，你预计危机明年会结束吗？我说明年下半年就可以了。他说明年下半年就可以？我说，明年下半年你就适应了。"

有一次，有人问马云，"阿里巴巴为什么要做搜索？"

马云幽默地回答说："我就是要让百度睡不着觉，百度如果睡得着觉了，中国互联网网民就睡不着觉了。"

幽默的语言不仅能表现出我们的学识、才华和智慧，而且能帮助我们释放压力、缓解紧张；不仅可以让我们在面对问题时轻松一笑，还可以让对手哑口无言，让尴尬消失得无影无踪。

美国心理学家保尔·麦基认为，在社交中，幽默具有举足轻重的地位，那些谈吐幽默的人比那些没有幽默感的人，往往更容易打开社交的局面。

而马云就属于谈吐幽默的人，他总是在各种关系中找到平衡，就算对方是竞争对手，他也能用幽默的方式来解决严肃的问题。而不会像其他人那样，只会通过贬低对手来抬高自己，马云在体现了自己广阔心胸的同时，也成功地反击了对手。

马云说话之道 | 同样一种道理，用常规的思路解读将很难引起别人的兴趣，只有换一种思路，换一种表达方式，才能达到与众不同的说服效果。

2.3 打破思维禁锢，从不同角度说问题

不管是沟通还是演讲，其关键之处就在于我们的话题能不能成功引起别人的兴趣，让对方有听下去的想法。马云说话、做事的风格总是独树一帜，他一开口总能说出一些出人意料的新观点，引起听众的兴趣，然后再用自己独特的思维来解读新的观点，给人一种不一样的感觉。

新奇独特的观点有一种特别的吸引力，同样一种道理，用常规的思路解读将很难引起别人的兴趣，只有换一种思路，换一种表达方式，才能达到与众不同的说服效果。

比如，有记者问马云"双十一"是否是电商大战时，马云说："我觉得明天不是电商大战，我们也不知道跟谁战，也没什么战的，我们很少把竞争当成自己的主业在干。"

在说到竞争这个问题时，马云先是抛出了一个新观点，瞬间抓住了听者的注意力，然后再用一个全新的思维方式向听众阐述自己的观点。

有记者问道："你希望建立和谐，希望阿里巴巴是包容的平台，能够共同成长的平台，而你的很多对手是富有攻击性的，你如何保证自己的阵地不被

攻击？"

马云回答说："如果淘宝是5年前的淘宝、8年前的淘宝，那对手对我们可能有危害，但今天的淘宝，这些对手对我们是没有危害的。无论从规模、体系、战略思考、战略布局、人才组合以及整个商业模式，我们不是在一个层面上作战，这不是我们说大话看不起别人。

外行看起来你们都是电商，但是电子商务和网商是有区别的，阿里巴巴的眼睛盯的是网商，是怎么样帮助别人把电子商务做成功，而不是我们跟电子商务企业抢饭碗。所以大家是在不同的层面上看问题。在外行看来，电商天天在打架，而我自己觉得竞争是商业关系中不可避免的。当然它只是一种乐趣，你实在无聊了，竞争一下，让你的员工兴奋一下也可以，但是如果把竞争当成制胜的法宝，好像你'杀'了对手就能'活'，那是两个概念，因为对手层出不穷……"

为什么马云总是语出惊人、出人意料，是因为马云的思维方式与常人不同，他看待问题的角度与思考问题的方式与众不同，他总能打破常规，从不同的角度剖析问题，哪怕是我们常见的道理，马云也能从其他角度做出不同的解读。

要想提高自己的口才，就不要总是说一些千篇一律的话，这样只会让别人产生厌倦和疲劳。好的口才不仅需要技巧，更重要的是需要我们打破思维禁锢，学会从不同的角度去思考问题，这样我们才能提出自己独特的观点，才能语出惊人，说出吸引听众的话。

马云说话之道　比喻是一种生动形象的表达方式,当我们在讲一些比较枯燥晦涩的内容时,如果能加上一个幽默的比喻,那么我们的语言就会增色不少。这就是比喻的力量,它可以让语言更幽默、更丰富。

2.4 妙用比喻,给幽默注入点才情

幽默离不开巧妙的比喻,比喻让幽默变得高级,比喻让幽默变得耐人寻味。制造幽默的比喻方法有很多,以物喻人、以事喻人或以人喻事都是常用的方法。借助比喻不仅可以清楚地表达我们的意思,还可以制造幽默的效果,给听的人以启发。

马云不仅是一个幽默高手,也是一个运用比喻的高手。曾经,马云在聊创业的时候,把创业团队比作了《西游记》中的师徒四人取经团队,他是这么说的:"国内最好的团队是唐僧的团队,而刘备的团队是可遇不可求的团队。唐僧的使命感很好,他的目标就是去西天取经,是一个个性很强的人,唐僧这样的领导不一定要会说话,他以慈悲为怀,这样的领导很多企业都有。孙悟空呢?能力很强,品德很好,但是缺点也很明显,企业对这样的人是又爱又恨,这样的人才每个企业都有,而且有很多。猪八戒呢?好吃懒做,一个企业没有猪八戒是不正常的。沙僧呢?踏实肯干,挑担牵马,八小时工作制,这样的人企业更多。这是一个平凡的团队,这是严格创造的团队,然而就是因为这个平凡的团队经过九九八十一难,最终取到真经。

不过要管理这个团队，对领导的要求是很高的。一个领导者要有三样：眼光、胸怀、实力，一个企业家的眼光不好，就永远成不了好的企业家。"

马云利用唐僧师徒四人的特点，分析了创业团队中的各个角色和他们各自发挥的作用，形象地说明了一个创业团队需要哪种人才，而且也从另一个角度解读了西游故事和唐僧师徒四人的关系。这个新奇的比喻表达了马云的观点，也展现了他的幽默和智慧。

马云的精彩比喻还不止这一个，他经常在不经意间运用巧妙的比喻来制造幽默，让听众忍俊不禁。马云曾经在一次演讲中有过这样精彩的发言：

"1996年、1997年是很残酷的时候。那时候是当'骗子'的时候，那时候是没人来找我的。阿里巴巴创业的时候，确实有很多投资者来找我……至少应该有38家的投资者来找我。我说NO，我不要你们的钱。因为很多人总认为，赚钱要钱很难。其实钱是最容易的，只要你做得好，人家一定有的。有钱人太多了，你要问的是钱的背后是什么，他除了钱以外能够帮你什么。因为跟投资者的关系就像结婚了一样，等到闹离婚的时候事情已经搞不好了。"

马云把企业和投资者的关系比喻成婚姻关系，既形象又幽默。我们在日常生活中，也可以多运用这样的比喻，让自己的话语更幽默。

比喻是一种生动形象的表达方式，当我们在讲一些比较枯燥晦涩的内容时，如果能加上一个幽默的比喻，那么我们的语言就会增色不少。这就是比喻的力量，它可以让语言更幽默也更丰富。

如果我们想要获得比较强的比喻能力，就要在平时多积累一些语言素材，从而开阔自己的思路和视野。因为只有灵活有创造性的头脑才能想出精妙的比喻，僵化的头脑是无法想出好的笑点和比喻的。

凡事有度，过犹不及，比喻也是一样。说话时运用过多的比喻、暗喻，容易让话语变得云山雾罩，听的人也不知道我们到底要表达什么。比喻运用得不恰当，或者指代不清也会造成尴尬。所以，我们在运用比喻制造幽默时一定要把握好度。具体来说，当我们试图通过比喻去增加自己的幽默感时，必须注意以下几点：

◆**幽默比喻的内容要切忌低俗**

真正高情商的人的幽默不仅体现在一言一行中，更体现在说话的内容中，他们的幽默内容高雅，不刻意讨好，是真正能给人启迪的幽默。

有一些人在说话的过程中为了取悦他人，常常用低俗、不雅的比喻作为幽默的内容，为的就是博人一笑。虽然这种内容粗俗的幽默也能让对方暂时一笑，但是过后只会让对方看不起自己。

因此，在生活中，当我们试图通过比喻去增加自己的幽默感时，比喻的内容一定不能低俗。

◆**幽默比喻的运用要分清对象**

在现实生活中，我们每个人的性格都不相同，每天的心情也不尽相同，所以对幽默的承受能力也是有差异的。有些幽默不是所有人都会喜欢的，因此，我们在运用比喻时，一定要分清对象，切不可一概而论，一定要根据对方的实际情况开口。

◆**幽默比喻的运用要分清场合**

有时候，幽默也要分清场合，特别是在一些严肃、庄重的场合下，就不适宜用幽默、开玩笑的方式讲话。比如，在比较重要的会议、医院、葬礼等严肃的场合下，就不适用。

◆**幽默比喻的运用要态度友善**

我们用比喻的方式去营造幽默感，是为了让对方更好地接受我们所说的话，如果我们在进行比喻时用友善的态度与对方说话，那么即使是对别人的反击，也能在愉悦中达到自己想要的效果；如果我们在进行比喻时一味地挖苦、讽刺对方，那么对方不仅不会接受我们所说的话，而且还可能会对我们产生怨恨。

因此，当我们试图通过比喻去增加自己的幽默感时，一定要注意态度要友善。

总而言之，妙用比喻是一个人语言能力强的表现，也是制造幽默的一个非常有效的手段。因此，我们要养成说话时经常打比喻的习惯。

马云说话之道 | 幽默感是一种智慧,是一种美好的品质,是一种人际交往的艺术,更是一种积极的人生态度。当你掌握了幽默这门艺术时,你就会发现聊天和沟通不再是一件困难的事,你的人生也会有别样的精彩。

2.5 开启"幽默"模式,才更受欢迎

蔡康永是深受观众喜爱的支持人,他在《康永,给残酷社会的善意短信》语录中写道:"气质可以假装,通常可以假装一晚上都不穿帮;而幽默感没办法假装,一分钟都假装不了。所以我珍视幽默感,远超过气质。"

蔡康永觉得,一个人身上最值得被放大的优点之一就是幽默感,这一点相信大家都非常赞同。一个有幽默感的人一定是气氛的制造者,也一定是一群人中人缘最好的那一个。幽默是一种非常具有感染力的能量,幽默感可以缓解紧张情绪,减轻压力,让生活更加快乐。幽默感还可以让我们找到志同道合的伙伴,拓展自己的人脉圈。除此之外,当遭遇尴尬情形时,幽默感还可以巧妙地化解尴尬气氛。

幽默感是一个人综合能力的体现,有幽默感的人一定是一个善于发现生活的人。他们有一双善于发现的眼睛,总是能看到生活中有趣的地方,他们对一些社会现象有自己独到的见解,他们知道如何面对生活的挫折,也善于调节悲伤的情绪。

众所周知,马云就是一个十分幽默的人。

马云在参加香港科技大学第21届学位颁奖典礼时，穿了一件非常宽松的红色荣誉博士袍，上台领取了学校颁给他的工商管理学荣誉博士头衔。

仪式举行完毕后，主持人请马云发表演讲，一开场马云就说："我从来没有想过，在我的生命当中能够像今天这样，穿上这件美丽的学位服，不过很显然，这个学位服不是为我这种身材设计的。"这句话引得哄堂大笑。

马云其实是想表达自己获得博士头衔的喜悦之情，但是他并没有直接表达，而是通过调侃博士服不合身，从侧面表示自己已经是博士了，同时也让现场的气氛活跃起来了。

还有一次，在云锋基金论坛暨苏商投资年会上，主持人介绍马云为"中国电子商务的教父"，也是创业者的"教父"。

随后马云上台发言时说："刚才主持人说我是教父，我一般听教父都是要么死了，要么抓到监狱里去了，我不敢称教父。我也知道大家对我期待很高，其实这种期待对我压力挺大。因为我每次去任何地方，讲的东西都是一样的。很多人觉得，怎么老是讲这些东西，我是只能讲这些，因为信这些。假如我每次讲新的东西、讲新的笑话就是郭德纲了，毕竟企业家不能变成郭德纲，每天拿来新的观点、新的看法，我想我们回到基本点，实实在在地做生意、做企业。"短短一席话，令人莞尔一笑。

马云算得上是中国商界"教父"级的人物，而且非常擅长传授经验、总结道理。但是他又非常谦虚、低调，幽默地摘掉了"教父"的头衔。并且用郭德纲做比喻，解释自己为什么会重复讲道理。一段简单的开场白，让人体会到了他的真性情。

当大家聚在一起聊天时，有幽默感的人一定是一群人中最受欢迎的那一个。因为和有幽默感的人在一起，永远不会冷场，即使出现"空气突然安静"的情况，他也一定会马上让气氛活跃起来。所以，如果你也想成为一个在社交中受欢迎的人，不妨提高自己的幽默感吧！

那么，我们应该怎样做才能让自己变得幽默呢？以下三个建议，值得参考。

◆调整心态，做一个乐观、积极、自信的人

幽默感的基础是乐观、自信和积极的心态，一个悲观丧气的人是没有办法变幽默的。要想培养自己的幽默感，你首先要让自己的内心变得强大起来，不要害怕生活中的挫折和失败，要有重新挑战的勇气。凡事要多看到积极的一面，不要一味地怨天尤人，也不要害怕别人异样的眼光和嘲笑。要学会从一件件生活小事中为自己树立信心，逐渐变得乐观、积极和自信。

◆锻炼自己的思维能力和表达能力

幽默的人一般都具有思维敏捷、能言善辩的特点。所以，你可以着重锻炼自己的思维能力和表达能力，一个人如果思维清晰、灵活，那么他的表达能力也不会太差。另外，还要注意积累丰富的词汇和表达方式，空有想法，但言语乏味，也达不到幽默的效果。

◆在日常生活中不断积累

在日常生活中要多读、多看、多听、多学，多多积累资料。只有拥有了丰富的积累，在模仿、借鉴、参考的时候才有可选择的素材。你可以在各种情景中试着套用一些别人的幽默话语，经过多次这样的练习后，幽默就会成为你自己的能力。

幽默是一种智慧，是一种美好的品质，是一种人际交往的艺术，更是一种积极的人生态度。当你掌握了幽默这门艺术时，你就会发现聊天和沟通不再是一件困难的事，你的人生也会有别样的精彩。

许多人都想练就一副好口才,其实练好口才的诀窍就是用质朴的语言表达自己的真心。只要我们在说话的时候把自己的真情实感表达出来,让对方听得清楚、听得明白就好。

马云说话之道

2.6 质朴的语言,最能打动人

有的人无论是写文章还是说话,都喜欢追求漂亮、华丽。虽然能写出漂亮、华丽的文章确实好,能把话说得天花乱坠也是好,但有时候也不用刻意地追求这样。

其实,不管是说话还是写文章,最重要的不是要写得多华丽,而是要把自己的意思表达清楚。要知道,一篇华丽但是空洞的文章不见得是好的文章,说得天花乱坠如果都是废话也不能打动人心。

真正的说服高手即使说出的话很质朴、很简洁,也能把自己的意思表达清楚,能做到这样就可以了,因为说话的目的也在于此。如果我们把过多的注意力放在外在表达形式上,反而会影响我们说话的效果。

马云就是一个说话质朴且有理有据的人。马云、郭台铭、孙正义等出席了第四届网商大会暨第二届网商节,马云在活动中做了演讲,有一段话是这样说的:

今天我很感谢郭台铭先生给我们做的演讲。两个月前我跟郭先生说好以后,他说你要把提纲和题目给我,前天早上我们还在开电话会议讨论怎么讲,我还没见过一个大佬准备演讲这么认真过。

前面两次我们争论比较多一点，但是我不能不断地表达自己的想法，否则就没有时间听。我在下面一直想，有些东西的确让我感慨。第一他感觉到成功，我自己不知道什么叫成功，但我知道什么叫失败，我不敢说我们是成功的，人开始承认自己成功的时候，也是开始走向失败的时候……

一个很勤奋的人、很注重细节的人、很有理想的人才会走到现在。以前我对郭先生的了解也是在媒体上，我觉得媒体上绝大部分东西不能相信。至少别人把我说得那么好，我没那么好，别人说我那么坏，我也没有那么坏。所以我今天在这样一个场合，把郭台铭先生介绍给大家……

马云的这段话就说得非常质朴，但是意思又表达得很清晰，而这样的话恰恰最能打动人心。

要知道，真正打动人心的不是华丽的辞藻，而是在话语中包含的内容和情感，越质朴的语言越能打动人心。如果我们在说话的时候脱离了这一点，那么不管我们用多么华丽的辞藻来包装都没有用。

语言是帮助我们表达情感的，不是制造情感的，如果我们一味地追求语言本身而放弃了语言情感表达，那么我们说出来的话反而会让人觉得很假。当我们与别人沟通的时候，怎么想的就怎么说，只要是自己的真情实感就可以，这样对方不仅能感受到我们的真诚，还能更好地接受我们说的话。

许多人都想练就一副好口才，其实练好口才的诀窍就是用质朴的语言表达自己的真心。只要我们在说话的时候把自己的真情实感表达出来，让对方听得清楚、听得明白就好。

说到这里，很多人会提出疑问："如何说话才能既质朴又能传递情感，从而说服别人呢？"

◆言简意赅

说话最忌讳的就是喋喋不休、絮絮叨叨地说一大堆没有用的话，因为这样说话没有将重点表达出来。那些说服高手在表达自己的某种观点时，往往会在最短的时间内，用最质朴、最简洁的话让别人明白他的想法。

《大话西游》这部电影相信大家都看过，应该对电影中唐僧的形象记忆犹新，我们之所以会有这样深刻的印象，是因为他实在是太聒噪了。

喂喂喂！大家不要生气，生气会犯了嗔戒的！悟空你也太调皮了，我跟你说过叫你不要乱扔东西，你怎么又……

现如今，不管人们做事还是说话都讲究效率。比如，当我们看电视时，如果我们第一眼觉得这个电视剧不好看，那么就会立刻换一部电视剧，因为我们不想浪费时间。这样的道理同样也适用于说话中，如果我们说出的话没有在第一时间吸引对方的注意，那么即使我们说再多的话，也说服不了别人。

我们能否成功地说服别人不在于说话的多少和长短，而在于我们是否说出了重点，是否表达出了自己的观点。在说话的时候，我们要学会换位思考，多站在对方的角度思考，要知道，没有人喜欢聒噪、喋喋不休的人，这样的人讲出来的话不仅没有重点，反而会引起别人的反感。

因此，我们在说服别人的时候千万不要拐弯抹角，也不要用一些多余的辞藻来修饰我们的语言，只要抓住问题的实质，把话说到点子上，就可以让对方清楚、明白我们的观点，这样才能说服对方，而那些空话、大话，只会让对方觉得我们虚伪。

◆讲话要讲真话，少说豪言壮语

我们在说话的时候要尽量讲真话，少说豪言壮语，要实事求是，不讲空话、大话。虽然豪言壮语听着很舒服，可是并不会给我们带来好处。还有一种人总是喜欢说一些不切实际的梦想，这样的人说出来的话不能令人信服。

通常情况下，人们不会讨厌那些只做不说的人，只会讨厌那些光说不做的人，而更讨厌的是那些没有什么本事却整天豪言壮语、说空话的人。

不得不说，在说话方面马云确实做得非常好。其实，以马云目前的事业、地位和影响力来说，他确实是有说豪言壮语的资格，但是他却从来没有这样做过，依旧是说话质朴、有一说一，从不炫耀自己的成就，这就是他说话的智慧，也是我们要学习的说服技巧。

第3章
做个善于讲故事的人，像马云一样演讲

故事是表达情感、阐述事实的重要工具。在与人交流的过程中，要想更好地说服他人、让他人接受自己的观点和看法，最好的方式便是借助故事去表达。一个好的故事，可以让说服更有感染力，而一个会讲故事、能将故事运用得恰到好处的人，则会在通往成功的路上走得更远、更稳。

在与他人交流的过程中，我们若想让自己的言行影响到身边的人，那么借助故事来表达情感无疑是最好的"工具"。

马云说话之道

3.1 每个成功者都会讲故事

小时候的我们喜欢听故事，大多是在父母的故事声中进入甜蜜梦乡的。伴随着年龄的增长和阅历的丰富，我们倾听的不再是童话书中的故事了，而是富含哲理的人生故事，从这样的故事中我们明白了许多人生哲理，也知晓了怎样经营自己的生活。

毫不夸张地说，每个人的一生都是伴随着故事生活的。不管是童话故事，还是人生故事，只要我们能在恰当的时机讲好故事，便可以借用故事的力量来达到成功说服他人的目的。

宋艳毕业于一所名不见经传的普通大学，毕业后她整天穿梭于各大人才市场找工作。由于并非名校毕业，所以她的找工作之路有些艰难。

有一天，幸运的她终于收到了一家公司的面试通知，虽然正式面试前她也做了大量的准备工作，但真正到了面试环节时，她的内心却十分紧张，那些事先准备好的说辞早已忘记得一干二净。

眼看着就要失去这次面试的机会，情急之下，宋艳深吸了一口气，对着面试官说："我先给大家讲个故事！"

……

当宋艳将自己的经历融入故事讲给面试官听后,面试官的脸上露出了难得一见的笑容。很显然,面试官对宋艳的故事很感兴趣,几天后,宋艳便接到了录用通知。

从这个案例中,我们可以清楚地看到故事对人是具有一定影响力的。本来面试是一个紧张、严肃的氛围,表现不好随时都有可能面临被淘汰的结局。但宋艳却不走寻常路,将自己的求职意向通过讲故事的形式表达出来,并达到了自己的目的。

不管是在求职面试还是日常与他人沟通的过程中,如果交谈的双方都是采用你问我答的方式,显然太过于枯燥乏味,这样恐怕很难吸引听众的注意力,很难说服他人。但当一个充满趣味的故事展现在众人面前时,就会很快吸引人们的注意力,也很容易被人们所接受。

哲学家亚里士多德曾说:"我们无法通过智力去影响别人,而情感却能做到这一点。"的确,在与他人交流的过程中,若想让自己的言行影响身边的人,那么借助故事来表达情感无疑是最好的"工具"。

纵观身边那些成功人士,他们每个人都会讲故事,不管何种情况下他们都能用故事来俘获听众的心,也善于用故事去挖掘听众的兴趣点。因此,他们才能给听众一种感同身受的感觉,同时达到自己的目的。

说到讲故事的高手,就不得不提到马云,他讲故事的技巧可是数一数二的。不管在何种演说情景下,他都能以讲故事的形式将自己想要表达的理念传递给听众,并给听众一种身临其境的感觉。

有一次,马云在阿里巴巴内部讲话,在讲到关于"创业如何走出困境、如何创新"这个话题时,他没有直接讲方法,而是给大家讲了这样一个故事:

我听过一个故事,有个人死了,到了天堂跟上帝说,我相信了你十年,你说你会救我,但你从来没有救过我。上帝问他怎么死的,他说我被洪水淹死了。上帝说你淹死前在做什么?他说我就坐在一个小小的岛上,看着水慢慢上来，就等着你来救我。上帝说我来救过你啊，有块木头漂过来你没有跳上去；有艘船要救你上去，你说你在等上帝；又有一块泡沫漂过来，你只看了看它，你根本就不想上去。

马云说服他人的方式总是与众不同，总能在恰当的时机给大家抛出一个引人入胜的故事，在形象生动、活灵活现的同时，再糅进一些自身的创业经历与成功经验，加以诙谐幽默的说话方式，使得他每每说出口的话都极具吸引力与说服力。说到这里，我们不妨再来看看马云在清华大学的演讲实录中，鼓励莘莘学子的一段精彩自述：

我今天在这谈一下我的感受和体验。我高考并不算很成功，考了几年，数学1分那是真的，第二年考19分，第三年考了89分，但我从来没放弃过。

我给大家一个提醒，一个建议。提醒是，今天你们获得中国最荣耀的毕业证书，但那只是一张纸，只证明这4年或者6年或者8年，你父母为你付了很多的学费，这是一张学费的通知单而已，告诉你付了那么多学费、花了那么多时间做了很多的模拟考，这仅仅是模拟考而已。也给大家一个建议，如果你们毕业于清华大学，请大家用欣赏的眼光看看杭师大的同学；如果你毕业于杭师大，请用欣赏的眼光看看自己。因为这社会上永远充满变化，永远充满着各种奇迹……

事实上，每个成功者都会讲故事，在众多成功的企业家里，除了马云外，任正非、柳传志等人同样也是讲故事的高手，而且他们会根据不同的对象与不同的场合，来讲述不同的故事。

比如，对合作伙伴讲故事，让对方心悦诚服地参与投资；对消费者讲故事，让顾客爱上自家产品；对媒体讲故事，让媒体多多宣传企业的理念与产品；对员工讲故事，让员工信心满满地工作……

在当今这个物质丰富而又快节奏的年代，越来越多的人开始注重精神需求，了解一件产品、一个人并不会花费很多的时间与精力，他们更看重的是人与产品背后所折射出来的故事。只有故事才能挑起人们的兴趣,引起对方情感上的共鸣,从而促使双方进行更深入的交流与沟通。

不管是创造品牌、销售产品,还是与他人交流沟通,一个人如果不能创造一个新颖独特的故事去打动人心,为自己的产品与人脉造势,就会如一潭死水,毫无特色和新意,是不太容易给人留下深刻印象并被人熟知的。

千万别小瞧了故事的魅力,一个人若会讲故事,能将故事运用得恰到好处,无疑会在通往成功的道路上走得更远、更稳。也只有做个善于讲故事的人,才能在任何场合下游刃有余、轻松应对,让讲故事成为我们说服他人、创造成功的最佳助力器。

自己的亲身经历中不仅包含了我们做过的事、去过的地方和想要成为的人，也包含了我们的喜悦、感动、泪水和收获等等，这些才是故事中最吸引人、最影响人的因素。

马云说话之道

3.2 自己的经历就是最好的故事素材

上一节我们讲了故事对于口才的重要性，但在现实中，有一个很大的问题一直在困扰着我们，当我们想用故事去表达某个观点的时候，经常会有一种无从下手的感觉，脑子里缺少素材，不知如何开口。

所以，要想让自己拥有张口就来的本领，就需要我们的脑海中存有各种各样的故事素材。那么我们究竟要从哪里获得讲故事的素材呢？

其实，我们自己的经历就是最好的故事素材，这样的故事不仅能让我们信手拈来，还能更好地触动别人的情感，只要我们在日常生活中注意细心观察，并打开自己记忆的大门，那么就会有源源不断的素材供我们选择。

讲述自己的亲身经历有很多好处。比如，我们可以在交流中轻松应对观众提出的任何问题，因为我们对自身经历的所有细节都了如指掌。在讲述的过程中可以加入丰富的情节，让故事变得更动听、更吸引人。此外，我们在讲述自己的经历时还能拉近彼此之间的距离，快速赢得他人的信任感，从而更好地发挥故事的感染力。

当然，我们在讲自己的亲身经历时也会有一些问题，要知道，每个人的人生经历是不同的，如果我们总是在说话时一味地讲自己的事，不考虑别人的感受，会让对方认为我们太狭隘，反而不利于我们去说服他人。

因此，我们在讲故事的时候，还可以用"第三人称代入法"来讲故事，虽然人称不是"我"，但是因为故事具有真实性，再加上在讲述过程中对细节的描述和我们自身的情感带入，这一切也会让对方有一种身临其境的感觉，只有这样的故事才更容易说服人。

而且，我们还可以在故事的最后把故事主角的身份公之于众，这样，不管这个故事的结局是成功的还是失败的，都会因为故事的真实性而感染到对方、打动对方。

说了这么多，我们究竟从哪里才能找到这样的故事呢？

◆你辉煌的时刻

对于大多数普通人来说，一个普通人的成功故事最能引起人们的共鸣，而且这样的故事还能拉近彼此之间的距离。我们可以试着问自己："到目前为止，我们所经历的事情中有没有最让自己感到自豪的事？"

通过这种自我提问的方式可以帮助我们回忆那些辉煌的时刻，一个原本并不一帆风顺，最后却获得了成功的故事，可以传递给人一种正能量，影响更多的人。其实人们喜欢看名人自传，并不是非要取得那样的成功，而是想从这些名人的身上学习一种精神，让自己从中获得前进的动力。

◆你失意的时刻

一个关于自己失败的亲身经历也能给人留下深刻的印象，我们可以问问自己："在我的人生经历中最失败的是什么事？为什么会失败？我可以给别人提供什么样的经验和教训？"

当然，把自己的缺点和不完美展现在别人面前也需要很大的勇气。但是，与别人分享自己的失败和错误可以体现我们的真诚，这样的故事不仅更容易赢得对方的信任，能凸显我们的品质，同时还能影响到更多的人。

◆ 你的良师益友

人这一生中总会遇到一些人，会教会我们很多事，其中一些人对我们的影响很大，这些人也许是我们的父母、老板，或者同学、朋友，甚至还可能是仅有一面之缘的人，这些对我们影响很大的人也是很好的故事素材。

我们可以把其中一个很受启发的故事讲出来与听众分享，其实我们在赞扬别人的同时，也在含蓄地向听众传递一种信息：我也是这样一种人。这样的表达方式展现了我们谦卑的品质和感恩的心，而这两种品质恰恰是成功的关键。

◆ 一部电影

众所周知电影是创作人员把故事的内容进行剪辑、加工后再呈现在观众面前的，而我们要做的就是讲述电影中的故事情节，把电影中的情节变成自己的故事素材，当然在讲述的过程中要改变一下思维方式，最重要的是要抓住我们想要表达的重点，这样才能把故事讲好。

其实，我们在讲述电影的过程中，也可以展现我们的品质。如果我们喜欢的电影是《阿甘正传》，那么在讲故事的过程中我们可以提及我们为什么会喜欢它？是因为电影中坚韧不拔的精神感动了我们，而且这种精神是值得我们学习的。

◆ 一件时事

在生活中，时事每天都在发生，就算是同一件事，不同的人也会有不同的看法。而我们要做的就是关注那些引发社会热点的时事，找准机会，从自己的角度出发，阐述自己的观点。

一般来说，同样的事情通过不同的视角，会产生不同的观点和看法。比如共享单车事件，我们可以用自己的亲身经历或是看到的社会现象，来说一说共享单车的利与弊。

当然，生活中获取故事的渠道并不局限于此，这里介绍的只是一些最简单、最直接的方式，可以供我们快速地运用，获取故事的其他方式还需要我们细心地观察、整理和积累。

但是，我们讲自己的故事还是最重要的，因为自己的亲身经历中不仅包含了我们做过的事、去过的地方和想要成为的人，也包含了我们的喜悦、感动、泪水和收获等等，这些才是故事中最吸引人、最影响人的因素。

所以，要做一个善于讲故事的人，就必须学会从自己身上找灵感，只有这样才能讲出更好、更动听、更有吸引力的故事。

只有一个"真情实感，富有说服力的故事"才能打动人心，才能影响人和说服人。

马云说话之道

3.3 学会讲这四个故事，你也能像马云一样成为讲故事高手

我们经常听到别人说："我说话没有影响力，别人根本听不进去，打动不了别人。"

其实，你说的话之所以打动不了别人，是因为你不会讲故事，没有代入感，所以说服不了别人。只有"真情实感，富有说服力的故事"才能打动人心，才能影响人和说服人。

我们不难发现，乔布斯、马云、俞敏洪等这些职场上的成功人士，无一不是讲故事的高手。徐小平也曾经说过："如今的创业者，必须是'网红'，要学会用故事塑造个人品牌。"

就拿职场来说，会讲故事的人能更好地表达自己的思想，在发挥自己影响力的情况下还能塑造属于自己的个人品牌。比如，在面试的时候，我们可以把自己的工作经验讲成一个故事，这样更容易打动面试官；在聚餐的时候，我们可以把自己的经历讲成一个有趣的故事，这样可以引起别人的注意，同时还能展示自己的优点和个人素养。

那么，我们应该讲什么样的故事？或者说该怎样讲一个好故事呢？

要想更好地说服他人，我们至少应该会讲以下四个故事。

◆ "我是谁"的故事

如果想要得到他人的信任，我们首先要讲一个"我是谁"的故事。

用讲故事的形式来描述我们的个人经历，可以让别人更好地记住我们是怎样的人，在描述的过程中用简洁的语言讲述我们的改变以及我们的意志和品质。

《故事思维》一书中曾经提到过一个心理学理论，叫"自我剖析"，也就是说如果我们在描述自我经历时，愿意暴露自己的缺点，那么别人就会认为我们所说的话和我们这个人都是值得信赖的。

◆ "你可以相信我"的故事

我们需要别人的信任，但这种信任不是随口说"你要相信我"，因为人天生是有警惕性的，会不自觉地怀疑别人的动机，所以我们这样不仅不会赢得别人的信任，反而会让别人不相信我们。

几乎每一个在阿里巴巴和京东面试的人都会被问到这样一个问题："你吃过的最大的苦是什么？"这个经典的问题是用来检测面试者是否拥有坚定完成上级规定任务的能力。

郑羽去一家新媒体公司面试的时候，就被问了这个问题。郑羽就给面试官讲了一个关于自己的故事：

有一天晚上加班到十点钟回家，等了很久都没有车，我只好坐摩的。谁知摩的走到半路的时候，摩的师傅被人用石头打中了。于是，摩的师傅停下车找扔石头的人，原来扔石头的是一个年轻的小伙子，摩的师傅非常生气，正准备动手打人，我连忙上前准备制止他。

可是我刚把摩的师傅抓住，就来了一群警察，警察说我们打架斗殴，于是就把我和三十几人一起带到了警察局。警察审讯我的时候，已经是第二天下午了，我对警察说我没有聚众打架，我就是个路人，可警察不相信，说是要把所有人都审讯完了才能知道。

后来，等警察审讯完所有的人后，终于证明了我是一个路人，于是就把我放了。我回到家后，饭都没吃，第一时间把公众号发了。因为我在警察局就想好了当天要写的内容，没有耽误工作。

面试官听完郑羽讲的这个故事后非常高兴，当场就通知他被录取了。

◆ "幽默"的故事

我们可以把那些发生在自己身上的搞笑的、奇葩的事讲出来，给别人传递一种快乐，让别人更快地记住我们。

◆ "决意"的故事

所谓"决意"的故事，是指给别人讲述自己在某种绝望的情况下，仍然能坚持自己的信念，振奋起来并成功"逆袭"的故事。讲述这种故事不仅会让听众热血沸腾、备受鼓舞，还会获得别人的尊敬。

这样的故事不全是讲给别人听的，更是讲给自己听的，它能点燃我们心中的梦想，帮助我们勇敢地面对挑战。

那么，我们要如何去讲好这四个故事呢？下面五大技巧，或许可以帮助你。

◆ 巧妙开头

众所周知，一个精彩的开头就能瞬间抓住人心，把别人带入我们营造的故事氛围中，这样我们的故事也就成功了一半。

1. 顺叙

我们要快速列出故事的时间、地点、人物、事件以及悬念。

晚上十一点多的时候，我在公司加班，突然有人拍了我一下。

这就很好地抛出了悬念。

2. 倒叙

我们还可以先抛出令人意外的结果，然后再慢慢道来。

我半个月竟然胖了5斤，肯定是因为那件事。

这样就抓住了人们的好奇心，让人忍不住追问。

◆ 逻辑清晰

我们在讲故事的时候,一定要注意故事的逻辑要清晰、顺畅,这样别人才能更好地明白我们想要表达的意思,以及故事的来龙去脉。

我们可以运用 STAR 法则来讲故事:

Situation(情景):故事发生在什么情境下,包括了时间、背景和难题;

Task(任务):我们所扮演的角色和任务是什么;

Action(行动):我们正在做什么;

Result(结果):这件事的结果和成绩。

此外,我们讲故事的时候还可以从宏观到微观,在开始前加一个 W(What),用一两句简单的话告诉别人我们讲的是什么故事,先定个基调,这样别人才更容易明白。

◆ 描绘出场景感

有人说,讲故事的人就好像在脑海中储存了一部部电影一样。我们要做的就是让没有看过这些电影的人,了解这些电影的故事和精彩的画面。也就是说,我们在讲故事的时候要把电影的场景感描述出来并传递给对方,让对方有一种身临其境的感觉。这里我们可以运用"感性法则"。

1. 画面感

通俗地讲,就是当别人听完我们的故事后,在他们的脑海中会浮现出一幅场景。最简单的方法就是我们在讲故事的时候,一定要把时间、地点、人物和事件交代清楚,只有这样才能让别人更容易有画面感。我们小时候听过这样的故事:

从前有座山,山里有座庙,庙里有个老和尚在给小和尚讲故事。

虽然只有简单的三句话,但画面感十足。

2. 冲突性

要知道,故事是否讲得精彩取决于故事中的冲突和矛盾是否表达出来,只有围绕解决冲突和矛盾展开的故事才能凸显故事的趣味性和精彩程度。

那些广为流传的励志故事,大多是刚开始家境很困难,然后通过努力奋斗,最后成功"逆袭"的故事。这些故事的背景都是先苦后甜,最后展现成功的结果。整个"逆袭"的道路可能是几次博弈,故事情节跌宕起伏。

◆描述细节

我们在讲故事的时候,还要学会讲述细节,这样才能更突显人物,让故事更生动。我们用故事描述别人时,不要只用形容词,这会显得很没有特色,我们要突出个性化的细节,用生活中的细节和场景去刻画人物,这样我们所讲的故事才会更生动、更立体、更有画面感。

比如,形容一个人主动。普通描述是:他真的很主动。细节描述是:无论他面对的是谁,他都会主动上前给别人一个热情的拥抱,虽然他经常扑空,但是他从未放弃。

普通描述与细节描述相对比,后者比前者更有画面感,更让人印象深刻。

◆加强幽默

给我们的故事加点幽默因素,会更有代入感。

1. 运用反转

我们可以利用故事的前半部分将听众拉入一种逻辑场景中,然后在故事的后半部分将听众又拉入另外一种逻辑场景中。比如:朋友圈的文章中,前半部分写的是"有一个小偷溜进我家,到处找钱",当我们点开全文后发现后半部分写的是"后来我们一起找了起来"。

2. 运用谐音

比如:有人在医院的药房买中药,他朝护士喊道:"护士,拿药,我丹参。"护士就笑着说:"得,你还是算了吧,单身是无药可救的!"

3. 加强细节

在故事中我们要加强对细节的描述,这样可以使形象更充分、更具体。

比如：当我们等人时，对方迟到了很久。我们可以这样说："你终于来了，在等你的时候，我都见证了旁边的情侣从相识到相恋，再到分手了。"

4. 重复的口头禅

还有一种方式也能加强幽默感，那就是用同义句口头禅去应对各种不同的场景。比如：不管何时何地，喜剧节目《笑傲江湖》中的"自信哥"都会夸张地说一句口头禅："因为哥自信啊！"

5. 懂得克制

有时候，一本正经地讲笑话，也能起到增加幽默的效果。比如：郭德纲在讲相声时，总是一本正经的样子，这样反而有一种搞笑的感觉。

总之，学会了这五个技巧，你就距离成为讲故事的高手更进一步了。

那些说话有感染力的人都非常自信，他们善于营造说话的氛围，会煽动听众的情绪；而那些不会煽情的人，往往是因为缺乏感染力。

马云说话之道

3.4 不会煽情的人，讲话往往缺乏感染力

有时候，同样一件事不同的人来表达，会产生不一样的效果，有的人说的话非常有感染力，而有的人说的话就很平淡，不能引起听众的共鸣，为什么会有这么大的差距呢？因为那些说话有感染力的人都非常自信，他们善于营造说话的氛围，会煽动听众的情绪；而那些不会煽情的人，往往是因为缺乏感染力。

马云不仅善于营造说话的氛围，而且很会煽情。有人说，过度煽情就是一种虚伪。可实际上，煽情是否过度、是否虚伪，关键在于说话的那个人有没有自信、有没有激情。而马云就是一个自信又充满激情的人，他在说话的时候用激情的方式表达自己真实的情感，通过营造情感氛围引起听众的共鸣，然后俘获人心。

谈到为盛名所累时，马云说："今天的名越多，对我的灾难越大，去酒吧，跟人家搭讪都没有机会了，这是很残酷的。"

谈到老员工时，马云又说："你们是阿里巴巴最珍贵的脊梁，很多人看到你们还留在公司，心里就有底气。我也是如此，如果我到各个办公室，看到的还是你们这些脸，我就知道阿里巴巴还能扛得过去。"

马云说话之所以能让员工信服，让员工能够激情满满地工作，很重要的一个原因是马云懂得煽情。他每一次说话都能恰到好处地与员工建立情感共鸣，让员工愿意听他说。一般来说，领导者有与生俱来的权威，如果领导者能主动降低身份，与员工推心置腹讲感情，那么员工就会非常感动。因此，煽情在演讲中是不可或缺的元素之一。

阿里巴巴在2014年11月27日召开了一次离职员工见面会，阿里巴巴在微博上发出了这样的召集：

回来看看吧，像过去一样聊聊。让我们一起与马总、老陆、Lucy分享彼此的时光，和那些最初的梦想。

离职的员工只要在网络上提交阿里工号和目前就职的情况就可以参加离职员工见面会。要知道，在阿里的文化中，同事不是同事，是"同学"，员工离职不叫离职，而是"毕业"，因此这场离职大会又叫"阿里校友会"。

马云在"阿里校友会"上说："以前我经常做梦在爬山，感觉只能往上爬。现在不做梦了，会半夜两三点醒来。阿里人没有大家想象中自由、轻松、幸福，也许你们的生活才是我们向往的，至少是我向往的。"

马云把离职员工比作"敌前、敌后的5万外援"，他打趣说："即使你今天加入腾讯、百度、京东，或任何竞争对手，阿里不会对你生气，只希望你把阿里'让天下没有难做的生意'的使命感带过去。我不相信你去了那边会破坏阿里的生态系统，我们要有这个气度。"

不得不说，马云确实是一个煽情高手，这一番话让2000多名"校友"当场流泪。

一说到"煽情"，很多人会有些误解，觉得煽情是一个充满负能量的词，其作用类似于煽动人们做不好的事。当然，在现实生活中不排除有这样的情况，但是如果我们能用一种正能量的方式把自己的情感和经历表达出来，同样可以与他人产生共鸣，这样的煽情是值得赞许的。

那么，究竟怎样的煽情才算得上好的煽情呢？

◆煽情不能过火，要言之有物、言之有理

从马云的演讲中我们不难看出，马云说话时有一个特点，那就是他从来不刻意标榜自己，更不会刻意夸大、吹嘘自己，但是我们仍然能从他的话语中感受其从容与淡定，这一切都来源于他的自信，自信也是马云激情的源泉。

如果一个人连自己的话都不相信，又怎么能成功地说服别人呢？要想成功地感染别人，我们首先要用激情感染自己，这样我们的煽情才不会显得虚伪。这就是为什么说自信是成功的基石，而成功又会让人变得更自信。在这种良性的循环中，我们才能一步一步变得更强大、更睿智，就如马云一样。

◆投入你的感情和激情

要想做到说话有感染力、会煽情，就必须在说话的时候释放自己的感情和激情，否则干巴巴地在那里说，听众会觉得自己在听一场普通的报告。

煽情最重要的就是把自己的激情分享给听众，把听众带入我们所营造的氛围之中，让听众不由自主地想听。只有这样，当我们演讲结束时，我们所说的话才能被别人记住，我们的激情才能感染更多的人。

◆话音传情

煽情最重要的手段之一，就是用语调来帮助自己流露真情，这样我们所说的话才能更有感染力。各种复杂的感情都可以通过语调的高低快慢和抑扬顿挫表达出来，比如坚定的、犹豫的、高兴的、哀痛的、期待的、失望的，等等。

当然，我们用话音传情的时候，还需要时刻注意把握情感的阀门、控制情感的流量。有些人在演讲的时候就没有注意到这一点，一说伤心的事就泣不成声，一说气愤的事就语不成句，一说高兴的事就手舞足蹈、得意忘形。最后，听众只会觉得我们喜怒无常，不知道我们究竟在讲什么，这样如何与听众产生情感共鸣，从而做到煽情呢？

马云说话之道

> 我们在进行书面表达的时候,可以用标点符号将句子断开,以便读者能了解其中的意思。而在说话的时候,则需要运用节奏来帮助我们准确地表达自己。

3.5 牢控节奏,精准地传情达意

在本节的开头,我们先来看这样一则对话:

一个年轻人下班的途中遇到正在讨论球赛的学生,便问道:"哪个队赢了?"

其中一个学生非常兴奋地回答道:"中国队打败日本队获得冠军!"

年轻人听后一脸茫然,还是没弄清楚究竟是中国队伍败了,日本队赢了;还是中国队把日本队打败了,中国队赢了呢?

随后这个年轻人又问了另外一个学生:"是谁赢了?"才得知是中国队赢了。

年轻人之所以没有弄明白第一个学生的话,是因为这个学生在说话的时候没有把握好节奏。什么是说话的节奏?就是指语速的快慢。我们在进行书面表达的时候,可以用标点符号将句子断开,以便读者能了解其中的意思。而在说话的时候,则需要运用节奏来帮助我们准确地表达自己。

在日常生活中,有些人往往说话的时候不注意把握节奏,总是说得很快,恨不得一口气将所有的话都说完,被人戏称说话像是"打机关枪";还有些人却恰好相反，他们在说话的时候，常常慢条斯理，一句话半天才说出来，这些人同样是在说话时没把握好节奏。这两种极端的说话方式都是不可取的，都无法精准地传情达意。

试想一下，同样是说一件事情，一个人在说的时候能张弛有度，有节奏感；而另外一个人在说的时候拖沓且沉闷。你会更喜欢听谁说话呢？答案可想而知。马云在说话的时候就非常善于把握节奏。下面马云说的几段话就能很好地证明这一点。

马云在谈论为什么要坚持的时候，说："我永远相信只要永不放弃，我们还是有机会的。最后，我们还是坚信一点，这世界上只要有梦想，只要不断努力，只要不断学习，不管你长得如何，不管是这样还是那样，男人的长相往往和他的才华成反比。今天很残酷，明天更残酷，后天很美好，但绝大部分是死在明天晚上，所以每个人都不要放弃今天。"

马云在谈"为什么很多人空有想法而没有付诸行动"的时候，说："晚上想想千条路，早上起来走原路。"

马云还说过："我既要扔鞭炮，又要扔炸弹。扔鞭炮是为了吸引别人的注意，迷惑敌人；扔炸弹才是我真正的目的。不过，我可不会告诉你我什么时候扔鞭炮，什么时候扔炸弹。游戏就是要虚虚实实，这样才开心。如果你在游戏中感到很痛苦，那说明你的玩法选错了。"

马云在谈"什么是CEO"时则说："看见10只兔子，你到底抓哪一只？有些人一会儿抓这只兔子，一会儿抓那只兔子，最后可能一只也抓不住。CEO的主要任务不是寻找机会而是对机会说NO。机会太多，只能抓一个。我只能抓一只兔子，抓多了，什么都会丢掉。"

马云的这些话都非常简明精辟、主题鲜明，最重要的是，马云在说话的时候非常有节奏。

其实，从马云的话中，我们不难发现，他用到了排比句。但是他的排比句并不会让人觉得啰唆，反而给人一种很实的力量感。这是为什么？是因为马云有很强的节奏把控能力。

马云在说话的时候，知道什么话题才是听众最喜欢听的，这类最能打动听众的话题马云总是多说几句，而对于那些不太重要的话题，他总是会简单带过。这就是说话节奏鲜明的表现，也是最能感染他人的方式。

如何才能做到把握好说话的节奏呢？可以先通过不断地练习讲故事开始。通过不断地练习讲故事，才能了解故事的魅力，才能在向他人讲述故事时展现故事的魅力，久而久之，你就会习惯在面对不同的人、处于不同的场合时，用不同的节奏讲述相应的故事。

当然，很多时候，我们在练习讲故事之前总是会有很多顾虑，不是担心自己讲不好故事，就是不知道自己应该说些什么。其实，这些担心都是多余的，万事开头来，只要你能静下心来告诉自己"我可以"，并坚持做，那么慢慢地，所有的困难都会迎刃而解。在练习的过程中，不妨从以下几个方面开始。

◆分析故事中的人物

讲述故事时，把握故事的情节是非常重要的。故事的情节和主题都是靠故事中人物的言行、举止等表现出来的。因此，在讲故事之前，我们最好能把握故事人物的性格特点等。只有这样，我们在讲故事的时候，才更能将故事的中心主旨表达出来。就拿《皇帝的新装》来说吧，我们在讲这个故事之前，要对其中每个人物的性格特点进行分析，把握不同的人物性格，如骗子的狡诈阴险、国王的愚蠢无知、大臣们的阿谀奉承，以及孩童的天真无邪等等，然后再向他人讲述《皇帝的新装》这个故事时，才能更生动形象。

◆掌握故事的语言特点

讲述故事时的语言与其他文学形式是有很大区别的。口述故事时，需要很强的口语化和个性化。因此，当我们需要讲述一个故事时，最好在讲之前先将故事的语言变成我们自己的语言，只有这样，我们在讲述故事的过程中才能更加生动、流畅。

◆动作或表情的练习

在讲述故事的过程中，肢体语言也是非常重要的，用动作和表情来辅助我们的语言，更能准确地将故事内容和主旨表达出来。

◆语音的练习

语音的练习是讲好故事的基础。要想在讲述故事的时候保证听众能听得懂、听得清，就需要有清晰的语音。

当然，要想做到说话时有节奏，还必须知道自己想要向对方传达什么，想要达到什么样的效果，只有了解了自己的目的，在说话时才能有的放矢，至于那些并不十分重要的话，则可以缩短。

没有谁天生就善于把握说话的节奏，也没谁天生就是说话沟通的高手。哪怕是马云，也是在经历过不断地磨炼才有现在的"出口成章"。因此，我们在日常生活中，要不断地练习，从练习讲故事开始，掌握了讲故事的技巧后，再将这些讲故事的技巧转化为说话的技巧，就必然能在说服他人时把握节奏，精准地表达自己的想法。

马云说话之道 ｜ 比喻，演讲的神奇魔棒。可以毫不夸张地说，若将比喻的手法运用到日常的演讲中，它将帮助我们更好地带动听众的热情，吸引听众的关注，提升我们的说服力。

3.6 比喻，演讲的神奇魔棒

在与人说话的过程中，每个人都希望自己的语言能起到一个形象生动的作用，能够快速拉近与听众的距离。可事与愿违的是，不管怎么努力都收效甚微。其实，想让语言变得形象生动并不是什么高难度的技术活，运用比喻就可以做到。

通常，人们说话时大多是采用逻辑式思辨，虽结构严谨但在内容上却很难讨喜。想要打破这一常规方式，我们在语言表达的过程中，便可以运用比喻给听众营造一个特殊的场景，从而让语言表达得更形象生动、富有感染力。虽然，比喻不像直接陈述那样具有逻辑性，但它却能在说者与听者之间加入一种带入感，让人内心为之愉悦。

不可否认，一个善于运用比喻手法的人，一定是一个会说话的高手，不管走到哪里，都能将说服的功效发挥得游刃有余。而马云就是这样一个人，虽然他讲话很随意，通常是信手拈来，但他却能在说话中恰到好处地运用比喻的手法，让自己一开口就能成功说服他人。

下面我们就来看看马云在这方面是如何做的。

观众："尊敬的马云老师：您好，我是对外经济贸易大学的学生，今年已经毕业了，也在创业，和朋友做了个大学网站，有个问题想问一下，是现在困扰着我的。刚才您说了男人身上的品质永不放弃非常重要，但有时候我们也听到有人跟我们说要学会放弃，怎么在永不放弃和学会放弃之间找到平衡？在您创业初期的时候，你们团队是否有这样的试想，比如说你们投了50万，是不是一年之后这50万没有赚到钱的话，大家就各回各家了。您经常提到使命和价值观，如果使命和价值观没有给您带来钱的话，您还会坚持下去吗？"

马云："我觉得这个问题蛮好，第一永不放弃和学会放弃的区别。要想成功一定要永不放弃，克服各种困难，但是你学会放弃的时候你才开始进步。假如这是一堵墙你要绕过去，你撞在墙上，你永不放弃地撞还是撞不过去，就要学会放弃，退一步看一看，从边上绕过去。

什么是战略？这张地图看着杭州到北京这么点路，你走路会走晕过去。所以我告诉大家理想和现实是很远的。但是，我们要学会什么东西该放弃，什么东西不放弃，我永不放弃的是我的使命和价值观，我宁可把公司关了，但我不会说为了赚钱放弃这些东西，全中国99%的企业在赚钱，但是他们可能未必抓住了使命。我以使命感和价值观去赚钱的时候，我心里踏实，我不会比别人赚钱多，但是我知道我赚得踏实，我是帮别人。我的团队讲究诚信，讲究拥抱变化，讲究团队合作，我觉得踏实。"

——节选自《马云与"80后"面对面》节目

在谈到放弃和坚持时，为了避免给人一种空洞的感觉，马云将二者比喻成一堵墙，片刻间二者的形象便生动起来了。这也和后面所说的战略一样，战略具体是什么，恐怕很多人都没有一个详细的概念，但马云运用了一个恰到好处的比喻后，瞬间就让人们了解了战略的具体含义，而这就是运用比喻的最佳优势。

比喻，除了是修辞手法外，更是对语言的一种形象表达，由于它以此喻彼，将语言中的论述通过某些特殊的虚拟形象联系在一起,所以使得语言在演讲的过程中变得形象生动起来,同时又无形中给人一种听觉上的美感与享受。

比喻,演讲的神奇魔棒。可以毫不夸张地说,若将比喻的手法运用到日常的演讲中,它将帮助我们更好地带动听众的热情,吸引听众的关注,提升我们的说服力。之所以这么肯定,还是来源于比喻的四大功能,若能有效运用这些功能,那么想要将演说的气氛推向高潮,引起听众的共鸣,将不再是难事。

◆化抽象为具体,彰显演讲的形象性

运用比喻,可以将一件抽象的事物以详尽而具体的面貌呈现于听众的眼前,并给人营造出一副形象生动、活灵活现的画面。说到这里,我们先来看下面这段话:

敬爱的老师,非常感谢您对我们孜孜不倦的教诲和无私奉献的付出。你们就像一根燃烧自己、照亮他人的蜡烛;你们就像前行道路上的灯塔,为我们指引着人生的方向。你们亦师亦友,用自己的毕生所学全心全意灌溉着我们这些未成年的小树苗,让我们在枯燥乏味的学习生涯中,感受到了许多春天般的温暖。

上面这段话便是学生对老师表达的感激之情,在文中我们可以看到,学生运用了大量比喻修辞的手法,来描述和赞扬老师无私奉献的优秀品质。这样的语言一出口,整场演说的内容瞬间就变得形象生动起来了。

◆化深奥为浅显,体现演讲的通俗性

运用比喻,再深奥难懂的语言也能变得亲切,变得通俗易懂。下面这段演讲内容就很好地展示了演讲的通俗性,它使听众在听的过程中不用耗费太多的时间与精力,就能清楚明白演讲者想要表达的内容。

众所周知,金是一种非常坚硬的金属物质,而融则是融为一体的意思,那么金与融如何才能冲破阻力相守在一起呢?很简单,这取决于信用火势的大小。信用这把火如果烧得过猛,金子则有可能溢出来浇灭了信用这把火,紧接着没有融化的金子便有可能自乱阵脚，引起恐慌，造成金融冻结。这样的话，岂不是违背了金融的本意？

话音一落，全场响起了热烈的掌声。我们都知道，在经济学中，若想把金融的含义表达得详尽透彻，三言两语恐怕是解释不清的。但运用了比喻后效果就完全不同了，就像上面这段演讲中，演讲者把深奥难懂的"金融"一词分开解释，又将影响金融的信用比喻成一把火。这样，做到了既通俗易懂又生动形象。

◆化平凡为神奇，展示演讲的创新性

运用比喻，再平淡无奇的事情也可以让人拥有耳目一新的感觉。在这一点上，新东方教育集团董事长俞敏洪，就化平凡为神奇，向大众展示了他在演讲中的创新性。对于人生，他是这样比喻的：

人的生活方式有两种，第一种是像草一样活着，第二种是像树一样成长。

俞敏洪的这两种比喻，极具创新性，意在向大众传递做人做事的标准和准则，无形中激发了人们情感上的共鸣，并给人带去一种莫大的鼓舞与激励。

打完这个比喻后，俞敏洪接着又开始了对水的赞美，他说：

每一条河流都有自己不同的生命曲线，但是每一条河流都有自己的梦想——奔向大海。我们的生命，有的时候会是泥沙。你可能慢慢地会像泥沙一样，沉淀下去了。一旦你沉淀下去了，也许你不用再为了前进而努力了，但是你却永远见不到阳光了。

所以我建议大家，不管你现在的生命是怎么样的，一定要有水的精神——像水一样不断地积蓄自己的力量，不断地冲破障碍。当你发现时机还不到的时候，把自己的厚度积累起来；当有一天时机来临的时候，你就能够奔腾入海，成就自己的生命。

——节选自俞敏洪参加《赢在中国》栏目的部分演讲内容

在这段演讲中，我们可以看出俞敏洪也运用了大量的比喻，将生命比作泥沙，然后又号召大家学习水的精神，像水一样不断积蓄力量去冲破障碍，努力成就更好、更优秀的自己，这种方式就恰到好处地向人们展示了创新性，让演讲变得独具新意。

◆化严肃为轻松，增加演讲的风趣性

运用比喻，可以适当地缓解演讲过程中的紧张与焦虑情绪，还可以给千篇一律的演讲增加一丝趣味与幽默感，使演讲在一种轻松的氛围中进行，获得更多听众的认可。

今天来了这么多人，无非是想看看吕叔湘是什么人，就像动物园新到了一只猴，大家都跑去看，看完之后，就觉得不过如此。

吕叔湘是何许人也？他是著名的语言学家，上面这段话是他在苏州某地做演讲时的开场白内容。在这段自嘲式的开场白中，他将自己比喻成一只猴子，在引起听众哄堂大笑的同时，也快速调节了现场严肃而沉闷的气氛。

在演讲的过程中，一个人若能巧妙运用比喻，便能在瞬间"引爆"全场，将平淡无奇的演讲变得形象生动起来。只要我们在运用比喻的过程中，将这四大功能加以糅合，便能锦上添花，为演讲注入更多的灵魂。

马云：成功靠情商 说话靠口才

第4章
打造你的话语权：每句话，都是权力的游戏

不管说话的内容如何，最终这一切还是要回到"权力关系"里面：谁掌握了话语的主动权、争取到更多的听众，谁就能在语言的游戏里成为"霸主"。一个人说话的底气来自自身实力。用坚守心中那份信念，去说服自己、说服他人，这样说出的话才更有分量，才更能使人信服。

> 不管说话的内容如何,最终这一切还是要回到"权力关系"里面,谁掌握了话语的主动权,争取到更多的听众,谁就能在语言游戏里成为一方霸主。

马云说话之道

4.1 每句话,都是权力的游戏

说话达人秀节目《奇葩说》从第一季开播到如今的第五季收官,若要提名"金句女王奖"的话,恐怕非第一季"奇葩之王"马薇薇莫属了。尤其是那句"养条狗啊",更是瞬间引爆全场。

为什么这简短的几个字就能让全场听众热血沸腾呢?很简单,因为这句话恰好出现在了一个压抑已久的炸药包上,稍稍一触碰,就毫无征兆地炸开了。

马薇薇说这句话时,辩论的双方正围绕着"没有爱了该不该离婚"这个辩题进行讨论。一方秉承着"没有爱了仍然可以在一起,像普通朋友一样往来陪伴"。虽然,这话让台下听众略微不悦,但一时间却找不出一个合适的理由来反驳。

就在现场气氛快要凝固时,马薇薇开腔了,她先是顺着对方的话说了一句"没有爱了,需要陪伴",就在大家没抱任何希望时,她话锋一转,突然蹦出了一句"养条狗啊"。此言一出,不仅瞬间点燃了听众的热情,将对手辩驳得哑口无言,更是让评委们大声惊呼:"太精彩了!"

简短几个字,之所以产生这么大的威力,并不是因为它有多幽默,而是因为这句话恰到好处地出现在了一个最合适的时机，而这就是语境带来的巨大威力。

大家可千万不要小看了语境的力量，要知道，一个人在什么场合说什么话，都需要顺应语境的需求，唯有如此，说出的话才能发挥出最佳效果。那么，我们应该如何做才能顺应语境的需求呢？

想要做到这一点，除了积极借鉴一些经典案例中的经验之外，还需要掌握一句核心理论："每句话，都是权力的游戏"。并以其中的"权力"为线索，对话语权里面的"权"做一个清晰透彻的分析，这样才能一目了然，搞清楚详细的状况。

就以上面"没有爱了该不该离婚"这个辩题为例，我们可以看出观众拥有绝对的主导权，但"没有爱了需要陪伴"这种观点，则要在观众感到迷惑不解时突然说破，才能给人一种恍然大悟、发人深省的感觉。

当然，我们也要注意"每句话，都是权力的游戏"中的"权力"二字，它并不是尔虞我诈的宫心计，也不是仗势欺人的胁迫，它只是语言表达在形成过程中的一种关系而已。虽然，我们强调"每句话都是权力的游戏"，但说话却不仅仅是争取话语权而已，运用得好，这种权力可以让人获取满满的信任与能量。

就拿《奇葩说》第三季"奇葩之王"，在中国台湾享有"辩论之神""宝岛辩魂"称号的黄执中的观点来说，他认为口语传播与大众传播之所以出现截然不同的现象，就在于它的话语权是依靠个人能力后天获得的。这一点，在当今自媒体逐渐取代传统媒体的时代下，显得尤为重要。

说它重要，是因为我们的表达方式不再单纯地依赖于传统的报纸、电视来增加曝光度，更多的则是依赖于社交网络。虽然社交网络让人与人之间的交流变得更为方便和快捷，但如果话语在表达方式上出了问题，照样得不到他人的认可与喜欢。

因为说话不仅仅是传递给对方一种观点与意见,还会在说者与听者之间形成一种特殊的关系,而这里面又涉及主动与被动、争取与被争取的区别。也就是说不管说话的内容如何,最终这一切还是要回到"权力关系"里面,谁掌握了话语的主动权,争取到更多的听众,谁就能在语言游戏里成为"一方霸主"。

例如,马云召开新产品的发布会,若想为新产品造势,那么首先便要争取媒体广泛的关注度,因为此时"权力游戏"中的权力在媒体那,最终是以"媒体帮助传递信息"为目的。

只要我们能以此方法来展开分析,便能清楚明了地知道权力的具体归属,在未开口说话前看清和了解说话的本来目的。否则的话,我们就有可能"说错话",并在错误的道路上越走越远。

下面,我们就来看一看常见的五种说话场景里,权力关系是如何形成的。

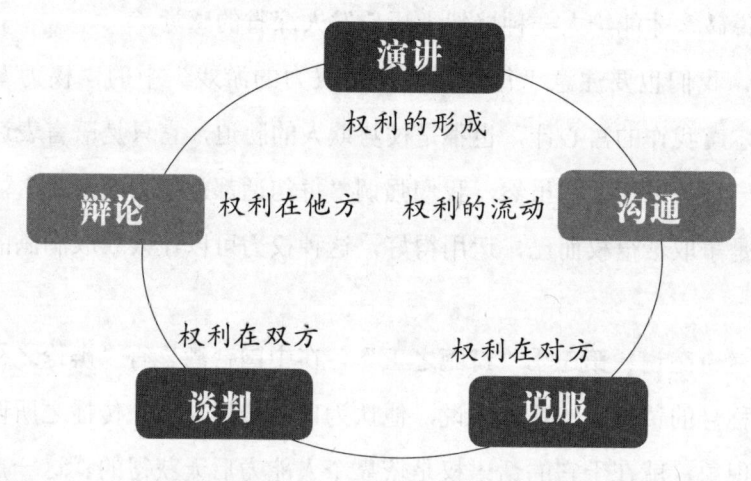

图 4.1 权力关系的形成

图 4.1 中的这种表达方式,只是将权力的形成做了一个大致的概述,并不是十分精准。所以,我们在日常说话时,最好还是视具体情况具体分析,做一个详细的策略流程来打造话语权,详见图 4.2 所示。

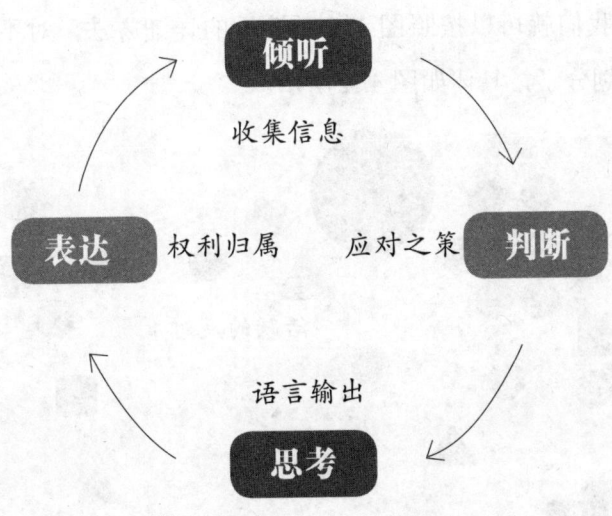

图 4.2 打造话语权的策略流程

做好了流程,接下来我们就要通过有效的聆听和认真仔细的观察,对权力的归属和场景做一个清晰的判断,以便对说话策略的细节方面不断做出完善与调整。具体如何做,我们可以通过观察和分析不同场景中的维度,来做出具体的调整。

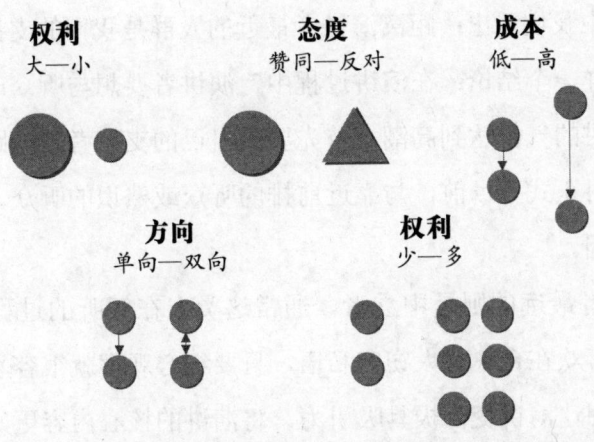

图 4.3 说话的不同场景

接下来，我们就可以按照图4.2所演示的详细方法，对不同场景下的权力关系做一个划分了，具体如图4.4所示。

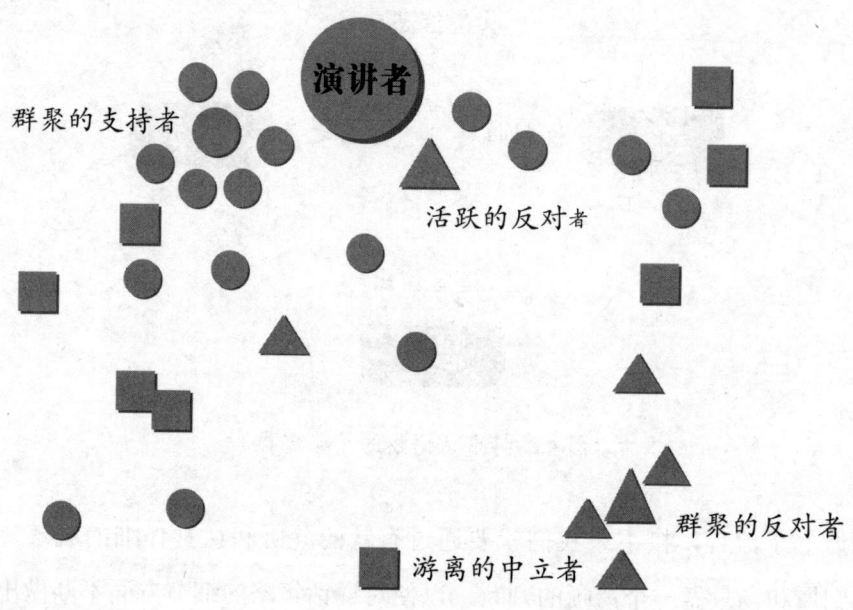

图 4.4　某个场景下演讲者要面对的观众

从图4.4中我们看出：距离演讲者最近的人群是我们的支持者。由此，我们可以得出这样一个结论：在演讲过程中，演讲者要想与听众产生更多的交流与互动，让演讲的气氛达到高潮，首先要和自己的支持者拉近距离。而这也是一些名人在演讲正式开场前，与靠近前排的听众或熟识的听众，主动打招呼、握手的主要原因。

距离演讲者最远的则是中立者，通常这类人在倾听的过程中注意力不会特别集中，且喜欢在台下与人窃窃私语，只要细心观察就很容易发现他们的身影。所以，若想让演讲变得极具吸引力，将演讲的核心内容更好地传播出去，就要想方设法将中立者变成支持者。如此，演说才能达到一个最佳效果。

至于那些质疑、否定我们的人，要想改变他们的思想行为，将他们变成支持者，我们不妨通过积极应对来转化他们，慢慢使其成为支持者。

要知道，像马云这样的说话高手之所以能够牢牢掌握说话的主动权，就在于他心中有一张关于说话的权力游戏局势图。如果我们也想像说话高手那样在每场演说中都拥有足够的话语权，不妨参考图 4.1- 图 4.2 内容所示，再加以具体分析，这样才能一步步将说话的权力游戏中的权力关系做到运转自如，从而轻松打造自己的话语权。

一个人说话的底气来自自身实力,换言之,"不说话"的底气来自"不说则已,一说惊人"的实力。

马云说话之道

4.2 说话的底气来自实力

不管是刚踏入社会的"菜鸟",还是已经在职场历练数年,有一定话语权的职场"老人",大家都希望自己说的话有分量,能让领导和同事认同。但事实往往相反,大多数时候,我们说出来的话毫无底气,不仅不能让领导、同事认同,反而有可能祸从口出。于是,很多人自以为发现了解决之道:不说话、少说话,只说客套话和场面话。

但大家有没有发现,在日常说话的语境里,好好说话似乎生了根、发了芽,并被人们曲解成宽厚仁慈的代名词了。在这种曲解下,很多人误以为,与人为善就是好好说话。

事实真的是这样吗?下面我们先来看一段经典的对话。

问:世间有人谤我、欺我、辱我、笑我、轻我、贱我、恶我、骗我,如何处置乎?

答:只要忍他、让他、由他、避他、耐他、敬他、不要理他,再待几年你且看他。

这段对话出自《寒山拾得忍耐歌》。不管得道高僧寒山、拾得在对话时是一种怎样的心态，但就二人之间对话的工整与语言精妙之处，不得不令人佩服。这话说完后，拾得高僧紧接着又念了一段长篇大论的偈子：

老拙穿衲袄，淡饭腹中饱；补破好遮寒，万事随缘了。有人骂老拙，老拙只说好；有人打老拙，老拙自睡倒；涕唾在面上，随他自干了；我也省力气，他也无烦恼。这样波罗蜜，便是妙中宝……

这段偈子全文有400多个字，全部听完的话恐怕整个人都被绕晕了。

如果我们与拾得高僧这样好口才的人产生争论的话，无疑会败下阵来。因为人家实力雄厚，有说话的底气。

一个人说话的底气来自自身实力，换言之，"不说话"的底气来自"不说则已，一说惊人"的实力。所谓一说惊人，并不是嘴巴叽叽喳喳个没完，让人无话可说，而是不与人计较。就像韩信能屈能伸，能受胯下之辱；就像刘国梁被人讥笑不配当中国乒乓球队总教练，也不愠不怒。

纵观身边那些宽容大度、不与人计较的人，其实都是说话水平与实力雄厚的人，不管走到哪里，他们都能给人一种淡定从容、临危不乱的气质，所以他们才能将好好说话的精髓发挥到极致。

下面，再来看一个训诫人们不要多说话的案例。

子曰："刚毅木讷近仁。"

又曰："巧言令色鲜矣仁。"

前者给人一种寡言少语的感觉，后者给人一种能言善辩的感觉。从字面意思来说，这里似乎把"会说话"看作一件令人感到羞愧的事。真的是这样吗？我们不妨回过头来看看，著名的思想家孔子对自己的爱徒颜回是如何评判的。

吾与回言终日，不违；如愚，退而省其私，亦足以发，回也不愚。

一句话蕴含了两层意思：第一，喋喋不休说了一箩筐的话，对方却没有什么回应，想来对方有些愚笨；第二，私下里能明白话里想要阐述的观点，并产生丰富的联想，说明还不太笨。

这样看来，判断一个人蠢与不蠢，与其"会不会说话"有着莫大的关联。

其实，不管是"刚毅木讷"还是"巧言令色"，都是说话方式的一种，至于对与错，则取决我们在日常中的用法。

比如，对老师说话，"刚毅木讷"就是一个不错的方式，不仅可以有一说一，还可以给人一种尊师重道的感觉；与同学说话，"巧言令色"则可以让我们有一说十，并在说话的同时拉近彼此的距离。

其实，真正的"巧言令色"无非就是告诉我们在说话时要学会迎合不同的说话场景，否则的话，"巧言令色"就可能演变成"刚毅木讷"。这也就是说，"巧言令色"的说话方式如果能被他人轻易看穿的话，只能说明"巧言令色"的说话水平还没有发挥到炉火纯青的地步。

如果这样的分析大家觉得有些消极的话，此刻，我们不妨再讲个消极的道理——心大，一个人如果心太大的话，想要好好说话也是很难的。

众所周知，"童言无忌"是用来形容孩子们天真烂漫的。可既然是天真烂漫，为什么又要将这四个字组成一个成语紧密联系在一起呢？"无忌"一词难道不是指天真烂漫的孩子们说话容易犯忌讳么？

为什么说话容易犯忌讳？因为心大。

心大，自然不会去察言观色地注意一些细节问题；心大，自然领略不到对方话里的弦外之音；心大，说话做事自然不会考虑周全。回首往昔，因为心大，我们有多少次遭受了外界的伤痛，却不得不微笑着面对？

因为心大，被人伤害却显得束手无策，不回应，心里难过；回应，心理更加难过。因为很多人都会说，这样率性的样子才讨人喜欢嘛！

可是，现在的我们都不再是孩子了，不能再童言无忌、率性而为了。尤其是在与人说话时，就要摒弃心大，做一个心思缜密并察言观色的人，提高个人素养。唯有如此，才能将说话这项技术活学得更加精进。

在竞争日益激烈的今天，说话已不再是传统意义上的含义，由于现代说话艺术的四个特点，决定着"说话"比以往任何时候都重要。接下来，我们就来看看这四个特点具体是哪些。

◆**通过说话来判断一个人**

决定我们是个什么样的人，并非依靠身份，也并非依靠外在的样貌，而是源自于我们言语上的表述。并不是我们说什么就是什么，而是他人通过我们的日常言论来判断，我们到底是何种类型的人。

◆**说话变得更加重要**

除了一些极具影响力的成功人士外，大部分人是普通人，从事着普通的工作。这样，虽然能够衣食无忧，但想要让自己脱颖而出受到众人的关注，恐怕也是很难的。

有句话说"干得好不如说得好"，意在告诉我们，能干、肯干的同时也要好好说话，让说话帮助我们获得脱颖而出的机会，让说话为我们的职场之路锦上添花。

◆**会说话变得更难**

每年的春晚都离不开相声，但不知大家发现没有，网络段子早已融入相声节目中。不仅如此，网络流行语、表情包也被人们越来越广泛地运用于日常聊天中。千篇一律的网络流行词汇，使得很多人在竞相效仿的同时却沦落成了"信息爆炸"时代下的"失语者"。

互联网的飞速发展，使得网络流行用语的传播速度更快、波及范围更广，但同时也使得有创意、有趣味的说话之路，变得坎坷难行。

就像专门针对说话的达人秀节目《奇葩说》，每期节目都会从几万人的海选名单里面，筛选出一些"会说话"的人参加最终的节目录制。但最终能让全国观众觉得"会说话"的人又有几个呢？恐怕是凤毛麟角。但不可否认的是，这些脱颖而出的人，一定是"会说话"的人。

◆说话的风险越来越大

互联网的飞速发展，使得人们在享受快捷便利的同时，也增加了说话的风险。哪怕只是一句无意的话，也有可能付出惨重的代价。"一言可以生祸，一语可以致福"，在互联网时代下，一句看似无意的话也可能瞬间掀起轩然大波。是福是祸，往往取决于我们说话的技巧与方式，如果技巧与方法不对的话，那么说话就会变成一件让人望而却步的事。

可人生在世我们却不得不说话，不得不小心谨慎地说话。既然这一切躲不过、逃不掉，那我们唯一能做的就是勇敢面对，以一种正确的说话方式与这个充满残酷竞争的时代抗衡，这其实也是在帮助我们拥有说话的底气。

最后，我们引用《奇葩说》第二季冠军邱晨的话来作为结尾：

兼具"耐思"（进行深入的思考和分析的智慧）；

"耐撕"（处理观点交锋和利益冲突的能力）；

"nice"（与人为善、追求达成共识）。

也只有拥有了这些，我们才真正拥有了说话的底气。

马云说话之道 | 在说话时张弛有度,该张扬的时候就张扬,不该张扬的时候就内敛,懂得在不同的场合、环境,与不同的人说话时该展现出什么样的气场,懂得刚柔并济、霸气外露。

4.3 刚柔并济,霸气外露

要想成为他人眼中的焦点,就要有气场。很多人都认为,狂妄就是一种气场。实则不然,仅仅有狂妄,不仅不能成就自己的气场,让自己成为他人眼中的焦点,反而很有可能成为他人眼中的笑话。

马云是一个非常有气场的人,也非常自信,这一点不仅表现在他的为人处世上,同样表现在他的说话上。很多人说他说话很狂,但是他却总是言之有物,并不让别人觉得他狂妄得可笑。虽然有些人不太喜欢马云说话时的狂妄和张扬,但是还是有很多人对于马云说话的内容是认可的。

马云就是懂得如何在说话时展现出自己气场的人,从他在做客《对话》栏目时,与观众和客座嘉宾的沟通对话中就可以看出端倪。

吕本富:"是不是有点一花独放不是春的感觉?阿里是很好,但是整个电子商务领域业态是不是健康?马总怎么看,阿里巴巴赚钱了,大家都亏了?"

马云:"这个问题问得挺好,我并不觉得我是狮子,我也做不了狮子。狮子和羚羊是物种的区别,狮子吃羚羊不是因为恨它。700万的卖家,这些年轻的企业,这些年轻人对未来的渴望和希望,对自己梦想的实现,这股力量是对传统的冲击，这是具有狮子一样的雄心。就像10年前的我，我是绝对没想到有一天这个火点燃会这么厉害。

我觉得我们也没有一花独放，我从1995年开始做，到1999年重新开始做阿里巴巴。1999年到现在快14年了，我们付的学费是无数的企业不可想象的。所以我们其实是走过了又坚持下来了，而今天出来的大部分电子商务企业，所花费的时间也就两三年而已。你希望能够有那么多盛开的花，可能没有。"

这就是马云的刚柔并济、霸气外露的气场，在该狂妄的时候说话狂妄，在该低调的时候说话低调。我们可以从马云在《对话》栏目中的话中看出，他将自己定位于行业的狮子，而非世界的狮子。马云认为，阿里巴巴可能很难成为世界之最，但是一定能成为电子商务领域之最。

对于马云的表达，我们不仅看到了他霸气外露的一面，同时也看到了他刚柔并济的沉稳。他的气场并不会让人觉得反感。因为他有资本，因为他的确是行业的王者，有可以狂妄的资本，但是马云从来没有说过自己是无所不能的，他仅仅是在强调自己在行业内的成就。

看，这就是马云的说话之道。在说话时张弛有度，该张扬的时候就张扬，不该张扬的时候就内敛，懂得在不同的场合、环境，与不同的人说话时该展现出什么样的气场，懂得刚柔并济、霸气外露。

如果在说话时不分场合、时间，不管交谈对象是什么样的人，只是一味地内敛或者一味地张扬，不仅不会达到自己说话的目的和效果，还会给他人留下不好的印象。

虽说一味地张扬并不好，但是在说话时尽量做到突出自己是没有错的，只要能把握一个度，做到刚柔并济，势必能在说话中既展现了自我，又不会让他人反感。

马云说话之道 | 强大的说服力与良好的形象是密不可分的,与其埋怨我们的听众"以貌取人",不如赶紧为自己塑造一个良好的个人形象。

4.4 塑造形象,样子讨喜很重要

某央视主持人就是在形势一片大好的当口,却因为与朋友在一起喝酒时口无遮拦的戏言,在公众场合被曝光后,这几年才杳无音讯的。

为什么这位主持人会在占尽优势的情况下,突然遭遇"滑铁卢"?原因很简单,因为大家觉得作为中央电视台的主持人,他不该是这个样子的。主持人究竟该是什么样子的呢?虽然每个人的看法不同,但是最起码应该庄重得体一些,至少不能因为恼羞成怒,就在公众场合破口大骂。也就是说,这位主持人的失败,就在于他的行为表现不够稳重,不符合大众眼中的主持人形象。

我们再来看看马云。世事造就了阿里巴巴,也成就了马云。简单地说,马云是中国电子商务领域的"教父",也是阿里巴巴的"教父",而且15年来他也一直在不断地塑造这样的形象。不管在何种场合下,马云的穿着打扮、言谈举止,都一直向我们传递着积极、正能量的形象。

这些事实告诉我们:一个人的说服力,不仅表现在口才上,也表现在个人的形象上。

回想一下:在工作中,我们有没有注意自己的个人形象呢?我们是希望在领导和客户面前展现完美的自己，还是展现糟糕的形象呢？

要知道，我们的个人形象在很大程度上会影响我们的说服力。假如我们去演讲，当我们出现在观众面前的时候，其实就已经和观众进行交流了，那么我们就要塑造一个观众认可的形象：合适的着装、适宜的妆容、让人感觉舒服的发型。同时，细节上也要引起我们的注意，比如衣服的线头，首饰是否符合衣着、妆容等，这些都会影响观众的观感。

在这里我们不提倡"以貌取人"，但是爱美之心人皆有之，尤其是在社交场合，良好的形象确实能给我们带来更多优势，我们自己也会不自觉地对形象好的人产生一种认同感。

强大的说服力与良好的形象是密不可分的，与其埋怨我们的听众"以貌取人"，不如赶紧为自己塑造一个良好的个人形象。具体可以从以下几个方面入手。

◆ **注意自己的语言**

我们在说话的时候，要尽量选择符合自己身份的语言，这样更能展示我们的角色。如果我们在讲话的时候，总是说一些不符合自己身份的话，那么不仅达不到说服的目的，反而会有损自己的形象和威信。

刘浩所在的公司组织考察团到日本考察，正好刘浩也在其中，经过几天的考察后，刘浩与同事们利用剩下的时间观光旅游。谁知在地铁上有一位同事不知道怎么回事，与一对年轻人吵了起来。

虽然语言不通，但双方争吵得很激烈，眼看着他们越吵越激烈，此时，一位日本老人走到这对年轻人的面前，语气很严厉地说了几句话，没想到这对年轻人瞬间安静了。刘浩与同事非常感谢这位老人家。

其实，他们也觉得很不解：为什么老人家三言两语就能让这对年轻人安静了呢？他究竟说的是什么？

于是随行的翻译人员把老人家的话翻译了一遍："来者是客，我们是主人，怎么可以这么无礼，你们赶紧安静地坐回座位上，不要再放肆。"

说起来，这一句话也很普通，可为什么就能起到这么好的说服效果呢？其实，原因很简单，因为这位老人说了符合他社会角色的话。在日本，老人是值得尊重的，而且年轻人也愿意听从老人的教导，而老人在其社会地位的支持下，用严厉的语气说了符合身份和环境的话，所以才能达到说服的效果。如果老人当时和颜悦色地说教，应该不会有这么好的说服效果。

如果我们想要说出符合自己身份的话，需要遵循以下三点：

第一，自己的称谓、口气要合适；

第二，在不同的环境下我们的身份也不同，因此我们要针对不同的环境，选择符合自己身份的表达方式，这样表达出来的情感才符合自己的身份；

第三，要根据处境、心境的不同，协调好自己的说话方式。

我们要知道，说话的目的就是为了沟通和交流，我们的话说得好不好，能不能让对方接受，就要看我们有没有正确认识自己的角色，用符合自己身份的语言来表达自己的观点。

◆**注意自己的打扮**

有人说，一个有说服力的人一定是一个注意自己形象的人。因为得体的衣着打扮，不仅能给我们带来自信，还能迅速拉近彼此之间的距离，让人产生信任感。

如果一个销售员整天不修边幅，不注意自己的衣着打扮，那么客户一定会觉得自己没有受到尊重。也许有人会说："我是来卖产品的，这又有什么关系呢？"，其实这种想法就是大错特错，我们不在意，不代表客户不在意。如果客户认为我们没有尊重他，那么拜访的效果自然会大打折扣。客户只会与他们信赖的人做生意，换个角度想，如果我们是客户，我们会与自己都觉得不靠谱的人来往吗？

这里说的衣着得体，并不是说一定要西装革领、非常正式，只要是自然、干净、整洁、大方的都可以，否则会给人一种刻板的印象，让人觉得不够亲近。

需要注意的是，切忌打扮得太前卫，以免给客户留下不稳重的印象，因为有的客户会在心理上接受不了。

◆注意自己的精神状态

不要简单地以为，形象只是外表，只要打扮得光鲜亮丽就可以了。其实形象并不仅仅指的是外表，我们还要注意自己的精、气、神。当我们第一次约见客户的时候，如果我们展现的是微笑的脸，那么就会给客户留下一个好印象，因为笑容是最受欢迎的。同时，笑容也能改变我们自己的心境。

对于销售员来说，笑容是一张必不可少的心灵名片，这张名片比我们穿什么更重要。微笑就犹如春日的暖阳，可以融化堆积在人们心中的积雪，微笑改变的不仅是客户的心情，更重要的是它能创造出和谐的交流气氛。

最后，需要注意的是，我们在塑造自己个人形象的时候，一定要找到适合自己的方法，因为适合别人的方法不一定就适合我们。这就好比同样的发型，有的人做出来就是好看，而有的人做出来就是不好看。我们需要找到适合自己形象的表达方式，把最好的形象展示在别人面前。

马云说话之道 | 　　如果我们想要让别人认同自己的话，就要让自己说话的语气更坚定一些。坚定的态度和不容置疑的语气，能让我们的语言变得更有力量。

4.5 语气坚定，才能把话说得铿锵有力

　　说话的内容和技巧很重要，语气和音量也同样重要。如果我们仔细观察就会发现，生活中那些说话声音大、吐字清晰的人给人感觉更加强势，而说话声音较小、唯唯诺诺的人则给人弱势的印象。这是说话音量对个人形象的影响。

　　除此以外，说话的语气也会对我们的形象产生一定的影响，有些人习惯于用商量的语气和别人说话，这样会显得更谦和、有礼貌，但是却会给人一种太好说话、不果断的印象。有时候，把话说得柔和一些、中肯一些，的确会显得更严谨，但是说服力却不够。

　　如果我们想要让别人认同自己的话，就要让自己说话的语气更坚定一些。坚定的态度和不容置疑的语气，能让我们的语言变得更有力量。

　　不过，语气坚定也要分场合，激励别人时，与客户谈判时，为自己的尊严和利益据理力争时，我们都要拿出自己最坚定的语气，说出最铿锵有力的话语。但是和朋友聊天却完全不必如此，用自然随意的语气说话就可以了。

　　除了分清场合，我们还要掌握有效的实际操作方法。马云在演讲中，就常常运用坚定有力的语气来说服大家，让我们来看看他是怎么说的吧！

创业者没有退路，最大的失败就是放弃。今天很残酷，明天更残酷，后天很美好，但绝大部分人死在明天晚上，所以每个人都不要放弃今天。

很多人比我们聪明，很多人比我们努力，为什么我们成功了？

难道是我们拥有了财富，而别人没有？当然不是。一个重要的原因是我们坚持下来了。

我想告诉大家，创业、做企业，其实很简单，就是要有一个强烈的欲望。就是说：我想做什么事情？我想改变什么事情？当你想清楚之后，你要永远坚持这一点。

为什么我的座右铭是"永不放弃"？因为这世界上最大的失败就是放弃，放弃其实是最容易的。所以我想讲的是，活着就是胜利。这个世界上最痛苦的是坚持，而最快乐的也是坚持。

我一直认为，人一辈子都在创业。以前深圳有一个口号叫作"二次创业"，我不太同意这个。同一批人是没有办法二次创业的，因为从第一天创业起你就一直在创业……

这几段话用坚定有力的语气说出来是很有力量的，能对演讲者的观点和态度起到强化作用，让台下的观众不得不信服，更体现了演讲者的风度和气场。试想一下，如果用绵软无力的语气说出这段话，还会起到同样的效果吗？

坚定有力的语气能体现我们的自信和主见，我们在平时的生活中要有意识地锻炼自己说话的音量和语气，通过这样的锻炼也可以反过来增强我们的自信。说话坚定有力的人，能得到更多人的认可，从而获得更多的话语权。

那么，我们如何才能把话说得掷地有声呢？很简单，坚定自己的信念，运用以下几个小技巧，你的语言就不会苍白无力。

◆把自己想成一个完美的化身

很多名人、明星在成名前都有过不够自信、说话不够坚定的经历，但是他们通过自己的努力，让自己能够站在舞台中央侃侃而谈。既然他们可以做到，我们也应该可以。不妨把自己想象成心目中那个最会说话的人，多给自己一点信心，相信自己一定能做好。在这个过程中，我们要多多积累素材，让自己说话时心中更有底气。

◆做几个让自己充满自信的动作

行为会带给人很强的心理暗示，当我们昂首阔步走在路上时，心中也会有一份自信油然而生。我们在说话时，可以多做几个让自己充满自信的动作，让坚定而自信的肢体语言传达出我们的态度。

◆效仿你认为最好的

我们每个人心目中都有一个偶像或榜样，我们可以向他学习，模仿他身上最突出的优点，或者我们最欣赏的特质，这个人可以是影视明星、体育健将，也可以是生活中的良师益友。

◆练习大胆地表现自己

我们还要大胆地表现自己，试着和不同的人交流和沟通，不管是熟悉的人还是陌生的人，都可以尝试与他们交流和沟通。不要害怕拒绝和失败，凡是拥有好口才的人，都经历过无数次的拒绝和尴尬，只有克服了这些，我们才能真正变得强大起来。

总而言之，如果我们想要培养自己的自信和增强气场，就要尝试着让自己说话的语气更坚定。

我们无法复制马云这样的成功，但我们却可以学习马云的说话技巧，不说大话、不说空话，看透问题、直击本质，用最朴实的语言去说服别人，获得他人的信服。

马云说话之道

4.6 华而不实的说辞，只会让人生厌

本节开始之前，先来看一个案例：

马云在参加某访谈节目时，互动环节有位听众给马云讲了自己的创业故事，他说：

"年轻时，我对未来也希冀着美好，信心满满地开过大型购物超市，可一年不到就经营不下去了，后来我发现楼市行情不错，很多人买房，买房了不得装修么？于是我又开了一家建材公司，可辛苦做了三年，也没赚到钱。可能是太倒霉了吧，做什么生意都不顺，所以现在遇到好的项目，我也不敢盲目投资了。人家说'女怕嫁错郎'，可我现在却是'男怕入错行'，我想请问一下马总：我到底该怎么做，才能在事业上获得成功呢？"

马云回答说："你没有入错行，是心太花，不知道自己要什么。你永远追在市场之后，追在今天最赚钱的行业之后，看到这个行业赚钱，就跳进去了，而不是看到这个行业后，你觉得这个行业我可以做得更好，有独特的方法，坚定不移地相信我能为这个行业、为这个行业的客户做出独特的价值，如果你这样想，就可以坚定地走下去。

你这样做，就像猴子掰玉米。先跟你说一个坏消息：你这样的做法肯定要失败；再说一个好消息：绝大部分的失败企业都是因为不够专注。没有信仰，没有坚信市场，看到别人赚钱就进去，很多人也都看到，也都跳进去了，这个市场就变小了。如果你没有想清楚为客户创造什么独特的价值，为了什么而坚持，可以坚持多久，没有找到自己真爱的事业，还是会失败的。"

其实，这个案例中，听众遇到的问题也是很多人在创业过程中，经常遇到的一类问题。这就好比讲话，很多人明明知道问题出在哪里，可为了避重就轻，为了不得罪人，却不愿简单明了地说出来。

殊不知，这恰恰是对自己、对他人最不负责任的一种方式。要知道，越是一针见血的话，越容易指出问题的关键所在，帮助人们看清问题的本质。

就像上面这个案例中，马云一针见血地说出了这位创业者失败的症结所在，目的就是为了让其能清楚明了地看清问题的本质。虽然这种方式会让听者内心有些不舒服，但不可否认的是，这却是给予创业者最好的帮助。

马云曾不止一次在公开场合表明自己是一个心直口快的人，因而很容易得罪人。既然是得罪人的话，为什么却没见有人站出来反驳马云呢？很简单，因为马云说的都是大实话，寥寥数语却说出了问题的关键，因此马云在得罪了一小部分人的同时，却收获了大部分人的信任。

然而，现实生活中很多人为了取悦于人，总喜欢用一些冠冕堂皇的话来吹嘘自己的能耐，结果纸上谈兵的经验并没有给人带来任何实质性的帮助。假如我们用这样的话去说服别人，无疑是自不量力。

马云的惊人言论之所以能给人带来一些实质性的帮助，这一切除了与他自身阅历、创业经历中汲取的经验有关外，也源于他从不空口讲白话。所以，人们总会不自觉地被他的言语影响，被他的话说服。我们若想像马云那样，让自己说出的话说服力更强，也需要多多实践。实践出真知，也只有实践，才能让说出口的话具有一定的说服力。

无独有偶，马云曾在一公开场合谈到企业对人才的需求时，就说到了语言的重要性，他说："在招聘时，我们曾发现很多大学生在回答问题时答案是一样的，为什么？因为学校指导学生就业的套路是一模一样的，这其实是挺可怕的。因为我们需要的不是听话的学生，而是能干的、学习能力强的、个性强的学生。在招聘的过程中，我们也发现需要从一二年级就开始让大学生了解我们需要什么样的人，不能等到大四的时候再告诉他们，这个时候已经迟了。大学里要学习的是一种文化，一种能力，而不仅仅是知识！"

华而不实的说辞，只会让人生厌。虽然，我们无法复制马云这样的成功，但我们却可以学习马云的说话技巧，不说大话、不说空话，看透问题、直击本质，用最朴实的语言去说服别人，获得他人的信服。

马云说话之道 | 用心中那份坚守的信念，去说服自己、说服他人，这样说出的话才更有分量，才更能使人信服。

4.7 用信念说话，才更有分量

很多人都知道"失败是成功之母"，失败了大不了重新来过，并没有什么丢人现眼的。但信念一旦缺失，想要成功便是一件难于上青天的事了。纵观那些成功人士，即使历经数次的失败后，依然还能奋勇直前，究其原因就在于他们自始至终都坚守着心中的那份信念。

马云便是这样一个独具代表性的人物之一，正因为他对信念的坚守，使得他的人生观与价值观都在一条极为正确的道路上行走着，而这也使得马云的口才魅力达到了一个登峰造极的地步。

马云常常告诫自己："人生在世是做人，不是做事，我跟自己讲我们到这个世界上不是来工作的，我们是来享受人生的，我们是来做人的，不是做事的。如果一辈子都做事的话，忘了做人，将来一定会后悔。不管事业多成功、多伟大、多了不起，记住我们到这个世界就是享受经历这个人生的体验，忙着做事一定会后悔。"

正因为马云多次在公开演讲中将自己对信念的坚守分享给众人，并传递给众人满满的正能量，使得他的话语总能够带动听众的热情，引起大家的共鸣。

关于这一点，马云在美国参加查理·罗斯主持的脱口秀节目时，也提到自己对信念的坚守。具体是怎么说的呢？看完下面这段精彩对话，相信大家会对信念的坚守有一个全新的认识。

查理·罗斯："你学语言出身，是如何走进科技行业的？"

马云："其实我没有参与科技工作，我只是参与了创业工作。但是正因为我不懂科技，让我更加尊重科技，我们始终聘请最好的科技人才，而且我经常告诉我的员工，客户需要什么，人们需要什么，懂得这点很重要。"

查理·罗斯："你算是小企业的传道者吗？"

马云："我是一个信念坚定的人，我的信念就是帮助小企业，我为我们出生在互联网时代而感到荣幸，通过互联网可以帮助很多人，尤其是中小企业，这关系到千万家庭的希望与梦想。"

查理·罗斯："未来阿里巴巴的发展方向是什么？"

马云："继续重点发展电子商务、中小企业以及客户市场。中国电子商务的营商基础设施不理想，其实这和10多年前的手机是一个道理，如今的电子商务也面临着同样的处境，我认为我们已经成了中国电子商务的中流砥柱，因此我认为我能在这个领域里做最好的事情——通过电子商务帮助人们赚钱。"

查理·罗斯："你认为你们的核心竞争力是什么？"

马云："不是科技，而是文化！科技只是工具，我们更重视价值、使命和愿景。工作是为了帮助别人而不是赚钱，在我的公司里，客户第一，员工第二，股东第三，这就是我们的信念。我记得在上市前，很多人对我说：'马云，要保持股价的上升趋势，我们是大股东。'而当危机一来时，这些人全跑了，但我的员工留下了，客户也留下了，这就是公司文化的重要性。"

查理·罗斯："你现在有这个资本和实力去放眼全球市场，会去尝试吗？"

马云："这个很难说，我只能说我们在中国取得了成功，但只要有中小企业的地方我们都可以做到这样！我坚信，在21世纪，'小即是美'！而20

世纪讲究的是大规模、大智慧。所以说只要有中小企业的地方,就会有我们的身影。"

——节选自马云与主持人查理·罗斯的精彩对话

信念是什么?信念就是坚定不移、持之以恒地坚持着做自己认为正确的事,信念就是当他人都否定和质疑自己时,自己却不为所动,依然相信自己。有信念并勇于坚守是好事,但在坚守信念之前,我们首先要确定这件事值不值得坚守,如果值得,那就勇敢坚守;如果不值得,就要适时放弃。

就像马云所说:"我从未想过我的财富是仅仅属于我个人的,它属于整个社会。当你有几百万元的时候,你是个富翁;当你有几千万元的时候,这些就是资本;而当你有上亿元财富时,它就成了社会资源了。"

不可否认,一个持之以恒、坚守信念的人,在前行的道路上不管遇到多大的艰难困苦,面对他人质疑与不解的目光,一定会用心中那份坚守的信念,去说服自己、说服他人,这样说出的话才更有分量,才更能使人信服。

马云：
成功靠情商
说话靠口才

第5章
高情商沟通的8个法则,让你在与人沟通时事半功倍

在生活中,能言善辩的人很多,但真正能将话说到对方心坎里、引起听众共鸣的人却并不多。说话是一种技巧、一种艺术,更是一门攻心的学问,它体现着一个人的品格、修养、才学和城府。只有掌握了高情商的沟通技巧,在与他人沟通的时候,才能事半功倍。

遇到他人提出刁钻问题时，用"回避式作答法"是一个不错的选择。这样做的好处就在于，回答了问题的同时又不至于让场面变得更尴尬。

马云说话之道

5.1 刁钻问题不好回答时，可回避式作答

想必大部人在与人交流沟通的过程中，都有过被人问一些刁钻问题的经历吧！不管对方是无心也好、有意也罢，遇到这种刁钻问题，我们不妨运用一些恰到好处的说话技巧，来应对尴尬瞬间，巧妙回避对方的提问。

说到这里，我们先来看一个案例，看完后或许能从中得到启发。

第二次世界大战期间，美国为了迫使日本投降，在广岛和长崎投下了两颗原子弹，造成了大量平民百姓和军人伤亡，这也使得全世界人民感受到了原子弹的巨大杀伤力。

不止美国，当时的苏联也拥有先进的原子弹技术。为了防止苏联凭借原子弹技术取代自己的"霸主"之位，美国迫切地想要了解苏联到底掌握了多少相关技术，拥有多少颗原子弹。

一次，时任外交部部长的莫洛托夫在美国访问出席某活动时，美国记者在提问环节就急不可耐地抛出了一个刁钻的问题："您好，尊敬的部长先生，请问苏联目前拥有原子弹的具体数量是多少呢？"

听到美国记者提出这种涉及国家机密的军事话题，莫洛托夫很是反感。但公众场合也不好驳了对方面子,他略微思索了一下便说了两个字:"足够!"

对方听到莫洛托夫这模糊不清的答案,显然有些失望,却也不好过多地纠缠。

在这个案例中,莫洛托夫针对美国记者的刁钻问题,既不明确拒绝又不正面回答,即保守了军事机密,又给人营造了一种军事强国的地位,而这便是"回避式作答"的精妙之处,它的好处就在于以不变应万变,避开他人正面夹击的同时,又能狠狠还击对方。

众所周知,在一场军事战争中,反击是应对敌人进攻的最好方式,用在沟通中同样适合。对于他人言语上的刁难,我们也应该予以有力的反击,让对方无力招架、知难而退。

做销售的人都知道,现在的客户越来越挑剔了,不仅横挑鼻子竖挑眼,还经常提出一些刁钻问题。此时,如果销售员情商不高,不懂沟通的法则,就很容易被这类问题问倒。反之,懂得运用说服技巧的高情商销售人员,即使遇到刁钻问题,也能处变不惊、灵活应对。

陈然去某汽车4S店看车时,询问销售人员:"这款车型看上去空间挺大,排气管也大,油耗肯定也不低吧!"

销售员说:"针对这个问题,我可以换种说法给您解释,影响汽车油耗的原因是多方面的,除了与排量、车胎、车身等方面有关外,也与驾驶员的日常开车习惯有关。比如,急刹车、载物多等。总的说来,如果各方面都能加以注意的话,油耗便不会很高。"

陈然没有接话,绕着车子里里外外看了一圈后,说:"这款车内部装饰也太简单了,一点也不大气!"

销售员反问陈然:"您平时的穿着打扮是偏正式还是休闲呢?"

陈然回答:"休闲呀,怎么了?"

销售员接着说:"您现在看的这款车型,主打的消费理念便是休闲舒适,旨在让更多的人把驾车当作一种乐趣来享受，而简约舒适便是它的特点。这与那些注重商务诉求款的车型确实有着很大的区别，如果我们把两者互换的话，就会出现方枘圆凿、不协调的情况。"

面对客户抛出的刁钻问题，这位销售员每次都能运用"回避式作答法"机智应对，最终，在销售员的成功说服下，这位客户订购了一台新车。

假设，这位销售员不采用"回避式作答法"，直截了当地对客户说"油耗高是正确的""这款车的内饰就是这样的"，想必客户对这款车型也不会有想要了解的冲动；但如果销售员说"油耗不高""内饰不简单，很大气"，在这种赤裸裸的欺骗下，客户也不会产生购买的欲望。

不管是在生活中，还是职场中，当我们与人沟通的过程中，遇到他人提出刁钻问题时，采用"回避式作答法"是一个不错的选择。这样做的好处就在于，回答了问题的同时，又不至于让场面变得更尴尬。

若我们没有意识到这一点，在他人提出刁钻问题时，不假思索就往对方的枪口上撞，只会让自己落入他人精心设计的圈套里。因此，遇到不想回答却又不得不回答的问题时，我们便可运用"回避式作答法"与对方巧妙周旋，避开正面交锋，予以适当反击，不仅能够打击对方的嚣张气焰，还可以让接下来的沟通变得更加顺畅。

马云说话之道 | 争一个"理"字，却输掉一个"情"字，在与人沟通的过程中，除了要避免陷入争论的陷阱外，也要避免走入强迫的误区。

5.2 争一个"理"字，却输掉一个"情"字

马云在一次大会上，给大家讲过这样一个小故事：

两只兔子闲来无事便为哪种萝卜好吃展开了讨论。小白兔说："红萝卜水分足，好吃一些。"

小灰兔说："不，白萝卜好吃一些。"

两只兔子各执一词，争论了许久也没有一个结果，便去找老兔子评判。听完两只小兔子的话，老兔子说："你们说的都不对，其实胡萝卜才是最好吃的。"

此言一出，两只小兔子又不服气了，为此，两只兔子的争论演变成三只兔子的争论，可最终它们还是没有争论出个所以然来……

故事讲完后，马云问台下的观众，这个故事说明了什么。下面一片争论之声，这时，马云微笑着说："你们现在就像这三只兔子一样。"

当你看到这里时，能看懂马云讲的这则故事的含义吗？其实，马云想通过这则故事，告诉大家一个道理：生活中有许多事情，其实都没有争论的必要。特别是你在说服他人的时候，更应该避免与人争论不休。

为什么要避免争论？因为争论对于说服者来说就是一个不折不扣的陷阱，

这个陷阱会使得说服者的计划一步步被瓦解，最终导致争了一个"理"字，却输掉了一个"情"字的尴尬局面。

很多人在与人争论时，妄想通过赢对方来获得心理上的快感。但事实上，争论除了耗费时间与精力外，并不能带来任何有利的影响，反而会给人留下一个斤斤计较、心胸狭隘的印象。而且，双方在争论的过程中也很容易引发激烈的矛盾。

即便在此过程中，一方在气势上压倒了另一方又如何，除了获得心理上短暂的愉悦感外，只会招致对方的厌弃。可就算是对方迫于某些原因表面上认可了我们的观点，但内心却满肚子怨言，这样口服心不服，我们的说服显然是失败的，那么有效沟通的目的也很难达到。

下面这个案例，就很好地说明了这一点。

苏森是某4S店的一名汽车销售人员，虽然他没有什么高学历，但他的口才却非常好，每次在与人沟通交流的过程中，都能把对方辩驳得体无完肤，成为最后的赢家。

尽管苏森的口才非常好，对各款车型也了如指掌，给客户介绍产品时头头是道，但令人惊奇的是自打他做了汽车销售以来，却一辆车都没有卖出去。问题到底出在哪里呢？疑惑不解的他只得向主管求助。

主管看了苏森的销售过程后，发现了问题所在：客户只要提出了异议，苏森就会利用自己的好口才将客户辩驳得哑口无言。主管对苏森说："不可否认，你的口才很好，但你是吃错药了吗？为什么要用你的好口才与客户对着干？你知道自己错在哪里吗？"

听到这里，苏森刚要开口进行反驳，主管便打断了他，说："从现在起，你认认真真听我说，我来告诉你，你的问题出在哪里，应该怎么改正。"

看着苏森一副欲言又止的样子，主管紧接着说："你为什么在与客户沟通的过程中，要与他们产生激烈的争论呢？你赢了他们很得意、很开心，是吗？

可你想过没有,你赢了一时,却输掉了客户,造成了业绩为零的尴尬局面,这有什么好得意的呢?你要清楚地知道,作为一名销售人员,你说话的目的就是为了说服客户下单,而不是和他们争论高低。"

被主管批评到痛处,苏森有些无地自容。这时,主管说话的语气稍稍缓和了一下,温和地问苏森:"现在你的内心是否感到有些愤怒呢?换位思考一下,客户本来是高高兴兴找你来买车,被你这样打压后他们又如何心甘情愿地掏钱买车呢?你现在最应该做的就是以一种谦卑的姿态去学习如何说话,而不是以你的口才去压制他人。"

讲完这番道理后,主管又针对苏森存在的一些问题进行了指导与建议。虚心接受主管建议后的苏森,不再与客户随意争论,很快就赢得了客户的信任,提升了自己的业绩。

看完这个案例,大家能从中获得怎样的感悟呢?是否也遇到过类似苏森这样的困惑呢?如果有,不妨静下心认真思考一下,争论到底为我们带来了什么。是不是除了片刻的欢愉与表面上的风光外,更多的是弊大于利,让沟通气氛变得紧张焦虑,引起对方的反感呢?

沟通的最终目的是要成功说服他人,那么显然与他人争论在沟通中是极不合适的。因此,作为一个说服者,我们需要时刻牢记自己的目的——说服,而不是辩论赛。

那么,在日常与人沟通的过程中,应该如何做才能巧妙走出争论的陷阱呢?下面五个技巧,可以解决这一弊端。

◆我又陷入争论了吗

在与人说话时,我们可以时常反问自己"我又陷入争论了吗",并观察自己在此过程中的心理状态和沟通氛围,以此来警醒自己陷入争论的误区。

◆这件事重要吗

如果已经有了争论的迹象,或是争论已经悄然发生,不妨反问一下自己"这件事重要吗"，如果不重要的话，那完全就没有必要产生一些无谓的争执，让争论影响彼此的感情。

◆ **我一定要现在说服对方吗**

在沟通的过程中，如果已经明显感受到不愉快的气氛，接下来想要成功说服他人就不太容易了。此时，我们不妨静下心来思考一下，"我一定要现在说服他吗"，如果不是很重要，待气氛缓和后再行说服也不迟。

◆ **我一定要说服对方吗**

正所谓"公说公有理，婆说婆有理"，如果彼此的观点并不会引发冲突的话，我们又何必强行去说服他人呢。毕竟生活给了一百万种可能的同时，也有一百万个不确定在等着我们。所以，某些时候我们也可以适当保留对他人的看法，视情况来决定是否说服、如何说服。

◆ **没有对错，只有和气**

这一点就和开篇故事中兔子争论萝卜一样，没有对错，不管是白萝卜、红萝卜，还是胡萝卜，都有兔子喜欢吃。生活中类似的事情经常发生，可惜很多人在沟通的过程中产生了争论，以致闹出了矛盾。

虽然这种争论会让我们短暂赢得胜利者的角色，得到些许荣誉与赞赏，但这些都是没有意义的。一个小心还会给后续的沟通增加难度，这种情况下，我们又如何去成功说服对方呢？

争一个"理"字，却输掉一个"情"字，在与人沟通的过程中，除了要避免陷入争论的陷阱外，也要避免走入强迫的误区。毕竟有时候在沟通中之所以产生争论，强迫心理占了很重要的成分。因此，只有注意以上几点技巧，我们才能避免产生一些无谓的争论，才能与人和谐地交流和沟通。

马云说话之道 | 想要避免开口求人时被人拒绝，我们只要注意技巧和方法，只要用对了方法，换一种表达，求人办事便不再是难事。

5.3 换一种表达方式，开口求人不再难

人生在世，再怎么风光得意，也会遇到有求于人的时候。同样是求人，为什么有的人顺风顺水，有的人却被拒之门外？原因就在于被拒之门外的这类人，求人时的方式方法错误，以至于开口便碰钉子。

俗话说："上山擒虎易，开口求人难。"具体难在哪些方面呢？总结下来不外乎以下三难：

第一，开口难。求人办事时，求助的对象大多是交情匪浅的人，可能是亲戚朋友，也可能是同学、同事。但不管是哪种，求人办事时多多少少会给对方带来一些麻烦，让彼此的关系变得微妙起来。正因为如此，很多人时常在开口求人时内心自责懊悔、反复纠结，而这便是所谓的开口难。

第二，等候回复难。一般情况下，求人办事时对方不会立即给予答复，也需要一个思考与斟酌的时间。在这样一个漫无期限的等待下，求人者的内心便十分煎熬，甚至感觉自己就像是一个等待他人施舍的可怜虫一样。

第三，等候结果难。为了不轻易得罪人，有些人就算是不想帮忙，也要装腔作势地考虑一番，嘴上说着我尽力而为，实际却没有付诸任何行动。如果我们等不及去催促对方的话，对方也会找借口再三拖延，拖到最后失去了耐心，

事情不了了之。

也正是由于这三难，使得很多人形成了这样一种认知：能不开口求人就尽量不要求人。可人生在世，谁能保证这一辈子不会有求于人，即便不是为自己，为家人有时候也不得不做出让步。

这种情况下，开口求人就是我们不得不面对的一件事。为了求人办事，有的人放下自尊、舍弃矜持、违背内心意愿，说一些冠冕堂皇的话，做一些曲意逢迎之事。

尽管如此，可有些人的求人办事之路却走得并不顺畅。就拿借钱这事来说，人们经常说"谈钱伤感情"，似乎一谈及借钱这个敏感的话题，就不知道如何开口了。但其实，借钱并没有大家想象中那么难，只要用对了表达方式，消除对方的顾虑与防备，那么借钱便不再是一件伤感情的事了。

只要我们在交谈时能语气温和，保持一种有求于人的姿态，让对方知晓我们的难处，感受到我们的真诚就可以达到事半功倍的效果。

许世清的孩子因为生病做手术，需要一笔钱来支付手术费用，可手头一时半会又凑不齐医药费，迫不得已，他只好开口找朋友借钱。

他一脸真诚地对朋友说："实在不好意思，孩子突然生病了要做手术，这东拼西凑下来手术费还缺8000块钱，如果你手头方便的话，先借我点救个急。"朋友听完略微思索一番后说："可以是可以，不过……"

明白了朋友话里的意思，许世清紧接着说："你放心，不会空口无凭，我会白纸黑字写好借条的。正所谓'亲兄弟，明算账'嘛，即便咱们兄弟关系好，但一码归一码，借条一定要写的。"

先以商量的口吻来征询朋友的意思，当朋友有所顾虑时，再说出一番言辞恳切的话来打消对方的顾虑。这种情况下，对方手里只要宽裕的话，便不会拒绝。

可惜的是，有些人却不谙此道。在求人借钱时竟然一副趾高气扬的态度，说："你卡里那么多存款，借我几千块对你来说就是九牛一毛的小事，再说我日后也会还你的，有什么好犹豫的呢？"与关系特别铁的朋友这样说还无可厚非，若与交情一般的朋友这样说，那铁定是借不到钱的。因为这种说话方式不仅无礼而且生硬，没有人愿意听这种夹枪带棒的话。

除此之外，还有一点也要注意，那就是还钱的时间。只有在借钱时给对方明确了还钱的期限，对方才能毫无顾忌、大大方方地把钱借给我们。

换一种表达方式，开口求人不再难。想要避免开口求人时被人拒绝，我们应该注意以下几个方面：

◆ 要过自己心理这一关

既然求人办事是不可避免的，那么我们首先在心里便要说服自己。也只有过了自己心理这一关，求人办事时才不会扭扭捏捏，感到难为情，心里练了千万遍而迟迟不敢落实到行动上。

◆ 要有足够的耐心

求人办事分很多种，并不是所有事情开口都能得到回应。如果对方略有不快或言语冷淡，我们也不要因此而觉得难堪，一定要有足够的耐心，毕竟对方也需要一段时间考虑。

◆ 选择最佳人选和方法

现代职场大多分工明确，求人办事时，我们也要选择最佳人选和方法，增加成功的概率，避免走弯路。

◆ 要理解别人

期望越大，失望越大。每个人都有自己的难处，若求人办事超出了对方的能力范围，自然就很难得到别人的回应。所以，在求人办事时不要对对方抱有过多的期望，而要试着去理解他人的难处。

◆ 对他人的要求不可太高

求人办事，若事情办成了则皆大欢喜，但若对方事情办砸了或是没办完，那我们也不要强人所难。这也就是说，对他人的要求不可太高，事情办到什么程度，我们都不要去指指点点批判对方。

总之，用对了方法，换一种表达，求人办事便不再是难事。

想要避免"亡羊补牢",最后的做法就是打一剂"感受的预防针",巧妙避免冲突,这样才能将冲突扼杀在萌芽中。

马云说话之道

5.4 打一剂"感受的预防针",巧妙避免冲突

与辩论和谈判相比,沟通的区别就在于它不是以输赢为目的,而是化解冲突、解决问题,最终握手言和的一种语言表达方式。站在沟通的立场上来看,沟通其实也是双方表达自我、宣泄内心情感的一个必然过程。

为什么说它是一个必然过程?因为人与人相处的过程中,会由于立场与观念的不同产生一些细微的分歧与冲突,如果加强沟通,就有可能加剧冲突,这无疑是我们最不愿意看到的局面。

所以,想要巧妙避免冲突最好的做法就是打一剂"感受的预防针",这样才能将冲突扼杀在萌芽中。当然,在扼杀之前,我们首先要弄清楚冲突产生的具体原因,这样才好对症下药。

一般来说,产生冲突的原因不外乎"两个版本"。何谓"两个版本"?简单来说,就是指两个不同的人在面对同一件事情时,站在自己立场考虑的版本。站在自己的立场上,就使得所有行为看起来都是合理的、情有可原的;而在他人版本里,对我们的不解与误会,则都是无理取闹的。

这样说有些人似乎还不太理解,我们不妨先来看下面这个案例,或许就

能从中得到启发。

陈一健和刘顺利住在一个宿舍，不过二人的生活习惯却有着天壤之别。陈一健早睡早起，刘顺利却是一只晚睡晚起的"夜猫子"。正因为生活习惯上的差别，使得二人经常闹矛盾。

在陈一健的内心版本里，刘顺利晚睡晚起是个陋习，上网打游戏还严重影响他人休息；但自己早睡早起，既不影响他人，还能精神饱满地做好第二天的功课。由此，陈一健认为刘顺利是一个自私自利、贪玩懒散的人，并不屑与这样的人为伍。

但在刘顺利的内心版本里，之所以晚睡晚起玩游戏，是为了释放压力，更何况自己也是轻手轻脚，并没有闹出很大的动静；但陈一健就不同了，他每天都会制造一些刺耳的声音。更过分的是，现在连自己唯一的爱好也要被剥夺。由此，刘顺利认为陈一健是个不折不扣的小人，喜欢小题大做。

"公说公有理，婆说婆有理"，当两人各自倾诉自己的版本时，都觉得对方是在无理取闹、歪曲事实。于是，双方各执一词、互不相让，最终演变成冲突。

这个案例形象生动地说明了"两个版本"在沟通过程中产生冲突的具体原因。即便有些人嘴上说"对事不对人"，但在实际的沟通中却是"对人不对事"，也就是说大部分人在对一件事情做陈述时，其实是在言语攻击与自己版本有出入的另一方。而且，由于认知上的不健全，使得我们忽略了"两个版本"的存在，把对方的版本当成了无理取闹，以至于无形中埋下了冲突的隐患。

现在，我们既然对"两个版本"有了清晰的认识，那么为了避免冲突的发生，我们在宣泄内心的不满情绪之前，就要想方设法防患于未然。具体可以采取以下几种说话方式做铺垫。

抱歉，也许这不是真实的情况，但你给我的感觉就是这样的。

抱歉，也许我言语上有些激烈，可你的行为确实给我带来了不便。

抱歉，也许你并没有这种想法，但在我看来你就是在干涉我的生活。

用这些抱歉的话作为铺垫，提前打一剂"感受的预防针"，给对方营造一种"虽然我说的可能有些不太客观，但这确实就是你带给我的最直观感受"的感觉，这样可以大大减轻对方心里的不快，减少冲突的可能性。

这样一来，双方在意的重点发生了变化，那么接下来的语言沟通也会相应地产生一系列变化。

原来，陈一健说："你就是一只晚睡晚起的'夜猫子'，晚睡是为了玩游戏。"

现在，陈一健会说："抱歉，也许这不是真实的情况，但你给我的感觉就是这样的。"

两种说法一对比，其优势就很明显了。前者会给人一种怒火中烧的感觉，并引发对方的反唇相讥；而后者只是给人一种表明立场的感觉，且"抱歉"二字也表明了自己的诚意。如此一来，双方自然能够心平气和地进行下面的沟通。

之所以强调"感受的预防针"的好处，就在于这种提前预知的行为，起到了缓冲的作用，可以有效避免盛怒之下失去理智而做出一些伤人伤己的行为，避免冲突的同时又为接下来的沟通提供了一个和谐融洽的氛围。这样一来，冲突避免了，沟通自然也就变得更顺畅了。

马云说话之道 | 给出建议比直指错误更能激励人。给予对方认识错误、改正错误的启发与合理的建议，这才是打开批评之门的正确方式。

5.5 给出建议比直指错误更能激励人

很多人深知"习惯成自然"的道理，也明白习惯一旦养成就很难被轻易改变。如果养成的是好习惯那也无可厚非，可若是开口便得罪人的不良说话方式呢？这种情况下，你还不打算做出改变吗？

在我们生活的周围，不乏一些这样的人，因为口无遮拦得罪他人而不自知，同时也给自己的生活带来了诸多不利的影响。说到这里，或许有人会说："马云说话也是直指痛处，也很直接，可为什么他说出的话不仅没有得罪人，反而广受大众的好评呢？"

其实，这和我们日常走路是同样的道理。正如有句话说的，"条条大路通罗马"。前行的道路上，我们既可以选择前人走过的一帆风顺的平坦大道，也可以选择风景秀丽的崎岖山路。当然，也可以另辟蹊径、披荆斩棘去开拓一条没人走过的路。

而说话也是如此，同样的一句话，不同身份的人在不同的场合下，采用不同的方式，最终带给听众的感受是完全不同的。

尤其是在某些公开场合下指出他人错误时，很多人由于不注意说话的分寸，往往容易口无遮拦。自己痛快了却给人带去尴尬与难堪，因为谁都不愿在人前失了面子，谁都不愿被人劈头盖脸地训斥一番。

可不指出错误的话，对方又如何改正错误、得到进步呢？说也不是，不说也不是，这可如何是好？这种情况下，我们不妨看看深谙批评之道的马云是如何说的。

开公司要发扬长处，避开短处。不要总说别人的不是，这样会得罪所有人。因为你没看清楚，不好的东西是有原因的。你该说："这个很好，我们可以继续发扬光大"。员工自然会听你的。你要先肯定好的，这个叫求大同，存小异。你要问自己能不能适应公司的文化。你不是改变，而是去完善这个文化，靠逐渐完善来改变。点滴的完善就是最好的管理，这也是柳传志讲的，叫绕大弯。

之所以这样说，是因为马云认为批评的最终目的是，使一个人认识、改正错误，重新燃起对生活的希望、对成功的斗志。那么，本着让对方虚心接受、认真改正的原则，我们就不能当面指责，应给予对方认识错误、改正错误的启发与合理的建议，如此才能让对方心服口服。

在这一点上，马云为我们做出了很好的榜样。有次他在大型励志创业节目《赢在中国》做评委时，有位选手的参赛项目是将网上超市通过行之有效的管理整合成优势产品，打造成网上的"沃尔玛"。经过多年的艰苦打拼，这位选手也确实成功了，可成功后他却不得不面对一个残酷的现实，团队成员由最初的50多人渐渐流失到如今的30多个人……

对此，马云做出了下面的这段点评：

我觉得我都不好意思点评，就说说评委不选你的原因。我觉得你是一个很好的市场推广员，一个很好的销售。我要给你一点建议，你的团队从50多个人开始，业务做得不错，越来越好，但是最后50多人走了20多人。一个优秀的CEO也必须是个优秀的管理者，要多注重细节，从细节管理你的团队，你的团队才会有机会发展。此外，我建议，随着你的企业越做越大，讲话也要越来越实在、越来越细。真正优秀的 CEO 和大企业领导者，他们讲东西都很细。小企业有大的胸怀，大企业要讲细节的东西……

每个人都希望自己的所作所为能获得众人的认可与赞扬，同时也害怕承受他人异样的眼光。但从上面马云的这段精彩点评里，我们却发现，马云并没有直接指出对方的错误，而是反其道而行之，给了对方一些合理的建议。

给出建议比直指错误更能激励人。给予对方认识错误、改正错误的启发与合理的建议，这才是打开批评之门的正确方式。用这种方式，不仅可以促使对方主动认识错误，还能提高对方的积极性，收获对方满满的信任，何乐而不为呢？

> 当我们面对朋友和亲人们的错误或迷茫时，就应该直接说出来。不要害怕伤了对方的面子，也不要害怕语气太绝情，要知道，如果不说清楚才是真正地伤害他。

马云说话之道

5.6 必须直话直说的时候，就要大声说出来

人这一辈子，总会遇到各种各样的事，有些事我们可以解决，有些事我们自己解决不了。那么在这种情况下，我们就需要向朋友、亲人们请教了。反过来，我们的朋友和亲人们也会遇到各种各样的问题，也会来向我们请教。此时，我们的回答就很重要了。

通常情况下，大多数人会用温婉的方式来回答。这种方式虽然也在一定程度上否定了对方现在的一些做法，但是并没有直接指出来，只是告诉他们现在的烦恼都是因为他们的这些错误导致的。

有的人说的时候会用很温和的语气，而有的人则是先肯定对方做得好的地方，然后再用一个"但是"来转折，这样一来既不会伤和气，又顾及了对方的面子，确实是一个不错的方法。

虽然这种方法不错，但是从解决问题的角度出发，这种方法并没有什么作用。如果我们真心为一个人好，在对方问我们问题的时候，就要有话直说，不要拐弯。

马云曾经在《赢在中国》担任过评委，下面是马云和其中一位选手的对话：

马云:"你的产品市场是针对国外,针对北美?"

李红梅:"现阶段是北美市场,美国市场是成熟的市场,其他市场不太成熟。"

马云:"你有两个核心竞争力,第一个是整合资源,国外没有资源,国内也要摸索,如何整合?第二个核心竞争力是外包,外包是核心竞争力?那么美国公司就做不到外包?"

李红梅:"第一核心竞争力就是把数据转化和数据输入这一部分的业务,跟软件销售业务整合起来,这是我的一个核心竞争力。"

马云:"你觉得这个竞争力很高?"

李红梅:"因为美国的公司很少这样去整合。"

马云:"你现在有多少员工了?"

李红梅:"在北美我只有一些高端的设计人员,大概有4个。"

马云:"我觉得你的项目很难,相当难。我诚恳地建议,你最好别创业。我见过创业很艰辛的人,但他说我就愿意创业。我感觉是这样,从性格各方面来讲,你不是很适合创业。我经常对朋友讲,有时候做一份工作,做一份喜欢的工作就是很好的创业。

你这个人很热情、很善良,这些性格可以让你成为一个非常好的员工,非常好的义工,为此完善自我,这可能很好。但是,对于创业,我很坦诚地说,你真的不合适。"

有人说,马云这段话说得太直接了,会伤害到选手,认为马云太冷血了,殊不知,这种回答方式才是对选手负责的态度。

当我们面对一个人的错误决定时,真正为他好的做法就是大声说出来,直接地告诉他这种行为是错误的,继续下去结果可能不美好。如果我们因为害怕伤害到对方,就把话说得遮遮掩掩,这样的话不仅没有说服力,甚至不会引起对方的注意。或许有人会认为我们太不近人情,但是只有这样才能真正解决问题，达到说话的目的。

因此，当我们面对朋友和亲人们的错误或迷茫时，就应该直接说出来。不要害怕伤了对方的面子，也不要害怕语气太绝情，要知道，如果不说清楚才是真正地伤害他。

如果说我们的朋友因为这件事觉得我们太绝情了，就不跟我们来往了，那么这样的朋友不妨就放弃吧，一个只在意自己面子的人，是不值得交往的。

说话委婉、留有余地确实没错，但是我们也要分语境。当面对必须要直话直说的时候，我们就要大声说出来。这样做既是对自己负责，也是对对方负责。

当然，当我们在"直话直说"时也需要向马云学习他"直话直说"的高情商沟通技巧。

◆避免用"以上对下"的口吻对待他人

这是一种很容易被人们忽略的说话方式，除非"对方认为"我们的职位比他高，否则就要避免用"以上对下"的口吻对待他人。需要注意的是这里的"对方认为"绝对不是"我们认为"。如果我们真的比对方的职位高，但依然能像朋友一样与对方平等的沟通，那么对方不仅会有一种受尊重的感觉，还会主动与我们沟通、交流。

要知道，人和人之间的关系是平等的，朋友、同事也是如此，如果我们用不对等的语气与对方说话，会让对方觉得我们是在"欺负"他。

◆尽量多用比喻的方式

我们都是普通人，听到有人批评时都会下意识地防范，所以，我们在"直话直说"的时候，最好是换位思考，尽可能地多用比喻的方式，引导对方发现自己的错误，这样说出来的话会更容易让对方接受。

◆先去了解对方这样做的原因

我们不能用自己的"理所当然"去评判别人。因为当我们这样做的时候，如果对方真的觉得自己做错了，他会产生一种负罪感。我们在直话直说之前，要先了解对方这样做的原因，以免对方对我们产生"厌恶感"。

比如：我们可以这样问：

当时究竟是什么原因让你这样做的？

是什么原因让你这样想，这样做的？

先问这样的话会让对方觉得我们是在理解他之后再做的讨论，比起直接指出对方的错误，这样的方式会好很多。

总之，我们在面对别人的问题时，该说的时候就要大声说出来，这样才是解决问题的态度。

> 唯有换位思考，设身处地为他人着想，谈论他人感兴趣的话题，才能激发对方情感上的共鸣，对方才会主动说、认真听。

马云说话之道

5.7 谈别人感兴趣的话题，别人才会对你感兴趣

　　当今社会，不乏一些能言善辩之人，但怎样做才能把话说到对方的心坎里、引起听众共鸣，这样的人才少之又少。在这为数不多的人才中，最具代表性的便是马云了。纵观马云的成功史，不难发现他每次演讲都能带给听众以热情，引起对方的共鸣，将说话这门艺术发挥到炉火纯青的地步。

　　马云的演讲之所以能将现场的气氛引向高潮，就在于他从不在众人面前炫耀他的成功史，他总是换位思考，站在他人立场上讲话，以情动人、以理服人，让听众自己说服自己。也因此，就有网友戏称："马云的大脑估计是八核的，就差个屏幕和按键了！"

　　马云在演讲中所展现出来的说话艺术，给我们起了一个很好的示范作用。例如，在与他人聊天沟通的过程中，如果大谈自己的成功史，就会给人一种吹嘘炫耀的感觉，让人质疑其说话的目的。但如果能像马云那样换位思考去考虑问题，说出的话便能深入人心，最终的结果也会大不同。

　　说到这里，大家肯定对马云的演讲内容充满了好奇心，不要着急，下面我们就来看一看2006年马云在中国管理年会上的致辞，感受下他是如何通过精湛的演讲技巧让听众自己说服自己的：

我对现在最流行的关于社会责任感、慈善事业的话题有一些自己的想法，在这儿花几分钟时间跟大家聊一下。其实，我这两年出去做慈善的时候都觉得挺丢脸的，因为每次出去时人家总说"马云你捐的太少，你瞧人家这个捐1500万，那个捐2000万的"。我想，如果去做慈善的人反而觉得不太好意思、担心自己的援助会被人嫌少的话，那中国的慈善事业将走入一个偏门！

做慈善，钱是很重要，但是最重要的是一颗心，我记得在美国有几次有幸跟慈善家在一起开会。跟他们在一起感触真的很深，他们觉得，做慈善，我们可以只捐助一美元，一美元代表的是心。慈善不应该被放在荧光灯下，也不应该被放在闪光灯底下，而应该是默默无闻地去做……

唯有换位思考，设身处地为他人着想，谈论他人感兴趣的话题，才能激发对方情感上的共鸣，对方才会主动说、认真听。想要做到这一点，我们在说话时就要实事求是，避免断章取义、自吹自擂，不然的话，就达不到让听众自己说服自己的目的。

总而言之，让听众自己说服自己，就是需要我们换位思考，站在他人立场上来表述自己的观点和建议，让听众能够感同身受。这样一来，想让自己说出的话引起听众的共鸣就不再是难事了。

那么，我们该如何做，才能找到一个令对方感兴趣的话题，成功引起共鸣呢？

不妨参考下"话题金字塔"，运用"话题金字塔"的艺术，让聊天话题能够引起对方的共鸣，从而达到成功说服对方的目的。

什么是"话题金字塔"呢？就是由"家庭""学校""吃的""工作""艺术"等五个话题，由宽到窄、由下往上逐渐发展形式的一个"话题金字塔"。从这五个方面的话题入手，在聊天的过程中引起对方共鸣，说服他人将会事半功倍。

◆ **家庭的话题**

每个人从出生起都围绕着家庭生活,以"家庭"话题为题材来展开聊天,可以从兄弟姐妹、父母的生活习惯、兴趣爱好等方面入手,这样的话题不仅能快速勾起对方的兴趣,还有助于双方展开进一步的探讨,快速拉近彼此之间的距离。

◆ **学校生活的话题**

校园时光是每个人都会怀念的一段青葱岁月,唠叨的老师、繁重的功课、挂科的成绩、暗恋的对象、搞怪的趣事,这些关于学校生活方面的话题,也很容易引起对方的共鸣。

◆ **吃的话题**

聊完了家庭和学校的话题后,再沿着金字塔向上延伸,便是关于吃的话题了。吃的范围涉及很广,包括怎么吃、哪种口味好吃、哪个地方有好吃的等,再加上吃是每个人每天都要做的一件事。因此,以吃为话题瞬间就能勾起对方的兴趣。

◆ **工作的话题**

职场是每个人都要进入的,虽然职场有三百六十行,但隔行如隔山,我们不可能对所有工种都了如指掌。假设对方从事的是一些冷门的工作,那我们可能也聊不出很热络的内容来。但这样的毕竟是少数,如果对方从事的是服务类、业务类的工作,对于这类相对熟悉的工作话题,我们也可以轻松应对。

◆ **艺术的话题**

艺术的范围较广,比如热门的电影、电视剧,某品牌的新款衣服,喜欢的明星等等,将这些话题运用到谈话内容中,很容易就能打开对方的话匣子。

谈别人感兴趣的话题,别人才会对你感兴趣。不管我们选用"话题金字塔"里面的哪个话题来聊,都可以激起对方主动参与的积极性,从而勾起对方兴趣、引发情感上的共鸣。

马云说话之道 | 没有人愿意活在别人的阴影下，每个人都想活出自己的精彩。所以，如果想通过自己的人格魅力吸引合作伙伴，就要多强调自己能为对方带来多少便利、解决多少问题，从这个角度出发，营销就变得简单多了。

5.8 自夸有术，从别人的角度夸自己

马云不仅是一个商业精英，还是一个营销高手。他可以在最短的时间内抓住他人的心，让别人信服于他、忠诚于他。为什么马云能够做到这些？因为他有卓越超群的口才。

马云不仅很能说，而且知道怎么说。同样的道理，别人说出来平淡无奇，但是从他的嘴里说出来就很有说服力。这便是马云独一无二的魅力，他时刻都能吸引他人。

在营销上，马云也有自己的一套方法。通常人们在做产品推广时，会介绍产品的性能和亮点，觉得通过这种方式会让目标消费者更快熟悉产品、认可产品、购买产品。但是，这并不是最好的办法，因为如今的消费者在做选择时，考虑的并不是这个产品有多好，而是这个产品能给自己带来多少利益，解决多少麻烦。如果总是从自己的角度出发推广产品，没有人会感兴趣。

在营销方面，马云曾经说过一段话，相信大家看过之后会有所收获。

在这个金融体系里面，我们不需要抵押，我们需要信用；我们不需要关系，我们需要信用；我们不需要你挣多少钱，我们需要你踏踏实实地为客户服务。

两年的实验告诉我们,我们近几百名员工,完成了给15万家企业贷款,平均每家企业贷到的款是4.7万元人民币,这只是刚刚开始,我们将用最好的技术评价信用,让在座的以及无数网商群体能得到金融服务。因为你们是中国的希望和未来,对未来的希望,我们做出的只有努力和帮助。当然帮助大家也是帮助我们自己,我们不希望亏本,我们也不会亏本,不赚钱是不道德的。

马云说的这段话其实是在展示自己的优点,但是却能说到很多人的心坎里。为什么呢?因为这句话虽然是在夸自己,但是却是从别人的角度出发的。

大部分人在宣传自己公司的优点时,会说公司的业务覆盖面有多广,市场占有率有多高,渠道资源有多丰富,但是这些都是你们自己的事情,即使经营状况再好,也无法引起别人的共鸣。但是马云的这番话不同,他所说的自己的优点,都是和用户的利益紧密相关的。

当用户听到他说的话之后,马上就会带入场景,比如开店要筹钱,钱不够的时候还要找亲戚朋友借,借到钱了还要办各种手续、各种证明,这些事情都非常烦琐,想到就令人头大。当人们听到马云的关键词"不需要抵押""不需要关系"时,自然会选择他而不是别人了。那些已经选择马云的人听到这番话,会更加坚定自己的选择。

这就是马云的营销秘诀,从用户的角度看问题,而不是从自己的角度看问题。当你为别人的生活创造了便利,提高了别人的生活质量,自然收获了别人的认可和尊重。如果一味以自我为中心,方便自己,"为难"他人,又怎会获得他人认同呢?

没有人愿意活在别人的阴影下,每个人都想活出自己的精彩。所以,如果想通过自己的人格魅力吸引合作伙伴,就要多强调自己能为对方带来多少便利,解决多少问题。从这个角度出发,营销就变得简单多了。

第 6 章
逻辑说服术：告别说不清楚、说不到重点

　　说服的艺术虽然讲究方法，但观点才是立足的根本。只有有理有据，我们才能底气十足地反击对方的质疑，才能让听众分清孰是孰非，才能一击即中让对方无力反驳，心悦诚服地接受和认可我们的言论。

说服的艺术虽然讲究方法，但观点才是立足的根本。再会说话的人，也不可能颠倒黑白。我们在说服别人时，不要犯诡辩的错误，同时也要警惕别人玩文字游戏。

马云说话之道

6.1 说服不是诡辩，不要陷入循环论证的误区

很多人在说服他人时，都会陷入"循环论证"的误区。那么，什么是循环论证呢？

每个合情合理的论证都包括了三个部分：准确的前提，严谨的推导过程，以及正确的结论。循环论证不仅可以从前提推导出结论，也可以从结论反推出前提。

下面，我们举例说明一下：

甲问乙："你为什么这么胖？"

乙回答："因为我吃得多。"

甲又问："你为什么吃得多？"

乙回答："因为我长得胖。"

这样的"循环论证"说明不了任何问题，它是一种常见的逻辑谬误，所以运用"循环论证"是说服不了别人的。

循环论证常常也被认为是一种诡辩。在辩论赛中，循环论证常常被辩手们隐藏在定义中，并需要对它进行包装，令对手很难发现。这种辩论方式很有杀伤力，因为循环论证从本质上来说是一种循环逻辑，是一种"不择手段"的取胜方式。

然而，说服并不等同于辩论。试想一下，如果你在说服别人时使用这种诡辩技巧和流氓逻辑，对方会买你的账吗？恐怕根本不愿意再听你说的话吧。

有时候，我们之所以会陷入循环论证的误区，主要是因为阐明观点不够有力。说服的艺术虽然讲究方法，但正确的逻辑才是立足的根本。再会说话的人，也不可能颠倒黑白。

我们千万不要把说服别人当成辩论赛，因为辩论只需要在逻辑上取胜，让对方无话可说。但是说服一个人却必须让对方对我们心悦诚服。没有正确的观点和理由，一味地使用语言技巧和诡辩之术是不能真正让对方服气的。

张强是一家公司的经理，他想提拔一名下属担任公司某部门的主管，他选中了平时和他关系很好的小徐。

但是，他的提议却被总公司的上级领导驳回了。张强问领导为什么不能提拔小徐当主管，领导回答他，小徐的才能和经验不足以胜任主管的位置，张强的其他下属中还有更好的人选。领导委婉地提醒张强提拔干部要仔细斟酌，不要任人唯亲。

张强却对领导说："我提拔小徐是因为我比较了解他，他担任主管能更好地配合我工作。"

领导问张强："你怎么知道其他人不能更好地配合你工作呢？"

张强说："因为我跟小徐比较熟悉啊！"

张强不仅没有说服领导同意小徐担任部门主管，还被领导狠批了一顿。领导之所以没有被说服，是因为张强的理由根本站不住脚，而且他任人唯亲的观点也是错误的。

如果，我们有好的想法或者观点，但没有正确的说话技巧，就无法把想法传递给别人。但是，如果我们的观点本身就有问题，就算我们再会说话，也无法让别人真正认同。

人最容易犯的错误，就是认为"因为我是对的，所以我是对的"。用这样的逻辑去说服别人，用错误的观点一次次推导和证明结论，或者先有结论再想当然地反推前提条件，这种霸道的诡辩，对方是不会接受的。

我们说服别人时一定要不要诡辩，要用真正能站住脚的观点去进行论证，下面的几种错误，都是我们在说服别人时应该避免的。

◆ 歪曲事实

运用辩论的逻辑去说服对方并没有错，在聊天中，严谨的逻辑是我们成功说服对方的关键要素之一。但错误的诡辩绝不可取，如果我们用语言技巧把错误的观点包装成真理，就是刻意歪曲事实、混淆是非。有一些传销组织，就是利用这种做法给组员洗脑的。

这种歪曲事实的做法，不仅不能说服别人，还会换来别人的厌恶。别人会认为，这个人虽然很会说话，但却没有基本的是非观。

◆ 讲大道理

很多人在说服别人时很喜欢讲大道理，这些人讲大道理时会滔滔不绝地引用名人名言和事迹，试图去佐证自己的观点。但是，实际上他们采用的都是循环论证的方法。

甲为了证明自己的观点是正确的，就引用了一位名人著作中的话语。

而乙对甲的引用提出了质疑："你凭什么认为名人的话就一定是正确的呢？"

甲回答："因为这位名人德高望重、学识渊博，他的著作得过国际大奖，所以他的论断当然是正确的！连种权威名人的话都不信，我跟你还有什么可说的？"

这就是典型的循环论证，虽然引用名人名言，但却丝毫没有说服力。而且，有些大道理或名人事例已经不符合当代的社会环境了，所以这些大道理放在现代社会也不一定能成立。

◆摆弄概念

不拿出客观的论据,而是自作聪明地摆弄概念,为自己的荒谬观点做辩护,这样的行为也不是好的说服力。有些商家把原本普通的东西,硬是包装成高科技产物,这明显就是摆弄概念的行为。

我们要记住一点,观念错误的人,即使掌握了再多说话技巧,也不能真正赢得人心。我们在说服别人时,不要犯诡辩的错误,同时也要警惕别人玩文字游戏。

> 只有做到有理有据，我们才能底气十足地反击对方的质疑，才能让听众分清孰是孰非，才能一击即中，让对方无力反驳，心悦诚服地接受和认可我们的言论。

马云说话之道

6.2 反击质疑，也要做到有理有据

在本节开始之前，先来看一则新闻：

2016年里约奥运会举办期间，澳大利亚籍运动员霍顿因不满中国籍运动员孙扬，在公共场合说了一些恶意诽谤的言论。此举激怒了著名主持人白岩松，白岩松曾在《新闻1+1》栏目中评论："不幸的是，我们遇到一个混蛋。而混蛋就是混蛋，不会因为他获得奥运金牌就不是了。"

这番言论一出，便有媒体采访白岩松："有网友认为您这样和霍顿一样有失风度，会在意这些议论吗？"白岩松答道："别人说你'骗子'你该回家称人家'先生'吗？你说的风度是没有温度的同义词吗？"

人生在世，不管是普通人，还是聚光灯下的政商名流，每个人的言行举止或多或少会受到他人的关注。尤其是一些公众人物，其一言一行随时有可能曝光在众人面前。

马云作为阿里巴巴的创始人，立志要让"天下没有难做的生意"，在其创业的成功路途中，不可避免地会遇到一些挑衅与质疑，那么马云是怎样做的呢？很简单，以善对善、以恶制恶，该反击时绝不忍气吞声。

很多人都知道"忍一时风平浪静，退一步海阔天空"，也知道忍可以大事化小、小事化了，但忍也要有个限度。如果丧失原则与底线，期待忍就能解决所有问题的话，那无疑是太天真了。

无原则和底线，一味忍气吞声只能说明自己缺乏反击的勇气与胆量。虽然，我们强调宽容的人拥有豁达的胸襟，但这并不代表我们对待所有人、所有事都可以保持宽容大度。试问，违法犯罪的人也要包容吗？如果包容的话，那这个社会还有天理可言吗？

因此，面对他人的挑衅与质疑，学会反驳是保护自己的最好方式，同时也是提升口才的最好方法。在这方面，马云就给我们起了一个很好的榜样，他应对质疑、挑衅时，字字珠玑、言辞犀利，堪称经典。

下面，我们就来看看马云在做客央视二套《对话》栏目时，是如何强有力地进行反击的。

当嘉宾李成东就网上交易征税对淘宝售价的影响，探询马云的态度时，马云回答说："这是一个好问题，我知道有一个经济学家，带头提出了淘宝的成功是因为中国税收贵了。因为我们习惯觉得别人成功，一定是钻了某个空子。你觉得有没有这个原因？这个原因到底有多大？非常非常小。在淘宝上面，今天来讲，94%的卖家不在征收税收的比例里面。但是由于这个不在征税里面，这些人一年的营业额在24万元人民币以下，这些成了淘宝主题市场。超过的6%，我们发现很多人已经开始在交税，今天在淘宝上间接和直接依靠淘宝成长发展创造就业的有1000万人，我们把这6%的税加起来有五六十亿，国家愿意收这五六十亿，即使收得精光，还是希望这1000万人创造更多的创业和就业机会……"

反击质疑，要做到有理有据。只有这样做，我们才能底气十足，让听众分清孰是孰非，才能一击即中，让对方无力反驳，心悦诚服地接受和认可我们说的话。

当我们面对尖锐的问题时,一定要正面回答,但是不要带着情绪,而是应该摆事实、讲道理,用真诚的态度和具有说服力的回答,把问题一次性解决。

马云说话之道

6.3 面对责难,用事实回应

人生不如意事十之八九,我们在生活中总会遇到各种各样的问题和责难。当别人尖锐地质问我们、直接地指责我们或揭我们的伤疤时,我们应该运用自己的智慧,巧妙地回应。大方面对责难,能体现一个人的处事智慧和说话技巧。

面对他人的责难时,有的人会暴跳如雷,认为对方是在针对自己,让自己难堪。可是愤怒和冲动只会让人更加难堪,并不能解决任何问题;还有一些人在面对责难时选择逃避,顾左右而言他,企图敷衍过去。可是,这也不是最好的应对方式,如果这次不能有理有据地说服对方,那么下次还会有人提出同样的问题。逃避和愤怒都不能解决问题,只有正面说服、恰当应对才能真正解决问题。

所以,当我们面对尖锐的问题时,一定要正面地回答,但是不要带着情绪,而是应该摆事实、讲道理,用真诚的态度和具有说服力的回答,把问题一次性解决。

马云在接受《时尚先生》的专访时,也遇到过尖锐的问题,让我们来看看他是怎样巧妙应对的吧!

记者："有一种说法是，卫哲事件后，暴露出阿里好的管理者的缺乏，是这样吗？"

马云："什么叫作好的管理者的缺乏？"

记者："那时就还是老陆（陆兆禧）去顶上。老陆好像就变成了一个什么都能做、四处救火的人。"

马云："人的强项就是人的弱项，人的弱项也可以变成人的强项。你的弱项对别人来讲，可能是个强项。老陆是在公司里面结识了很多的人。我那天跟老陆打电话就在讲，老陆，干了不少了，阿里巴巴到支付宝，支付宝到淘宝，淘宝到阿里巴巴，该休息了，休息一年两年再说。做些务虚的事情。

老陆务实比较厉害，务虚得不够。我让他做些务虚的事情，虚的是最实的。虚的事情要实做，实的事情要虚做。这是对一个人的不同的训练。比方说老陆，淘宝高速增长，老陆刚好顺势而上。每个人都有自己的时代，什么时代就用什么样的人。再到一个时代就开始务虚了，老陆就缺口气了，那就练练虚去。虚实都能的人，才可以……只是你们看到的时候，老陆刚好被放在实的位置上去了。"

上文中记者的提问既直接又尖锐，而且直接使用了"缺乏好的管理者"的词句，最后的反问也让人感觉十分不舒服。

面对记者的提问，马云并没有表现出不满的情绪，也没有直接进行反驳和否认，而是反问对方，既然你觉得我们缺乏好的管理者，那你为什么会这样认为呢？等记者说出自己的观点时，马云根据记者的回答有理有据地反击了对方，不仅澄清了对公司不利的传言，也让对方心服口服。

试想一下，如果马云听了记者的提问后，带着情绪反驳一句"我们公司的管理没有任何问题"，也许记者不会再追问，但是大家心中的疑虑却并没有得到消除，下次还有别的人问马云同样的问题。搞清楚事实后，再用事实说明对方，才是最好的回应方式。

马云说话的目的是解决问题，而不是发泄情绪，这种说话的智慧是我们都应该学习的。当我们遇到别人的责难时，应该克制自己的情绪，先把事情弄清楚后，再有理有据地回答对方，只有这样，我们才能捍卫自己的利益。

而且，我们面对责难时不应该采取回避的态度，有时候我们越回避，对方的攻击性就越强。如果我们的态度强势一些，大方地回答对方，那么对方就会知道我们"不好欺负"，也不会再为难我们。

马云说话之道

掌握总结、提炼的技巧非常重要。不仅要会讲道理，还要会总结道理，让听众记住。没有人愿意听抓不住重点的长篇大论，但是总有人愿意听打开心扉的金句箴言。

6.4 画龙点睛，用突出重点的结尾点醒听众

学生时代老师教写作文时，都会一再强调，要言简意赅，内容要有重点，其实说话也一样。有时，一个很简单的道理，要啰唆半天才能讲明白，可是听的人转身就忘了，为什么会出现这种情况呢？因为讲话没有重点。如何才能改变这种状态呢？这就要提高总结能力了。在说话的结尾作出提纲挈领的总结，就能给他人留下深刻的印象。这个总结是自己所说内容的提炼，也是内容精髓的升华，简而言之就是演说的画龙点睛之笔。

可是，这种技巧听起来简单，却很难掌握。人们总是洋洋洒洒发表一大堆观点，以为自己的演说非常精彩，大家也深有感悟。殊不知，大家听得云里雾里，可能到家就忘了。

在演说方面，马云绝对是行家，他之所以会有这么多广为流传的金句，就是因为他非常擅长总结。这也许跟他曾经的教学经历有关。马云强大的总结能力，从下面这段讲话中，就能表现出来。

1995年，我发现互联网有一天会改变人类，足以影响人类的方方面面，但是谁可以把它改变，它到底该怎样影响人类，这些问题我在1995年没有想清楚，但是隐隐约约感到这是将来我想干的事业。回来以后，我请了24个朋

友到我家里，大家坐在一起。我说我准备从大学里辞职，要做一个互联网，叫Internet，那个时候互联网不叫互联网，叫因特网。因为自己不懂技术，所以我花了将近两小时来说服24个人，说这是一件很有意思的事情。

两小时以内，我肯定没讲清楚什么是互联网，他们肯定也听得糊里糊涂。两小时以后，大家投票表决，23个人反对，1个人支持。大家觉得这个东西肯定不靠谱，别去做那个。何况你连电脑也不懂，而且根本不存在这么一个网络。

但是，我经过一个晚上的考虑，第二天早上还是决定辞职去实现我自己的梦想。为什么呢？我发现很多游学的年轻人是晚上想想千条路，早上起来走原路。晚上出门之前说明天我将干这个事，第二天早上仍旧走自己原来的路线。如果你不去采取行动，不给自己的梦想一个实践的机会，你永远没有机会，所以我稀里糊涂走上了创业之路。

其实，马云这整段话都在讲述一个道理，就是脑子里有想法的时候，就要马上行动，不要拖拖拉拉贻误良机，让自己遗憾终生。以这个话题为中心的演讲不计其数，但是大多数听过就忘，而马云说了一句画龙点睛的话，让整个演讲都"活"了起来。

这段话的点睛之笔就是"晚上想想千条路，早上起来走原路"。这句话是他人生经验的提炼，也是大多数人的现状和心声。这句话非常简单，但是余震不断，很多人被这句话震慑了，并把这句话铭记于心。马云的这次发言，也因为这句话而更有灵魂，给大众留下了深刻的印象。

这就是掌握总结方法的重要性。不仅要会讲道理，还要会用一句话总结道理，让听众记住。做到了这些，才能让自己的发言打动听众，让听众产生共鸣，留下深刻的印象。只顾自己说是没有用的，没有人愿意听抓不到重点的长篇大论，但是总有人愿意听打开心扉的金句箴言。

所以，想让自己拥有好口才，让自己成为会说话的人，就要多练习总结、提炼的能力，在日常生活中多积累经典的句子，用在发言的结尾，让讲话"活"起来。

第7章
7步搞定沟通难题,让你不冷场、不怯场

  不同的话用不同的方式表达出来,所呈现的结果也会截然不同。生活中,有的人三言两语就能营造良好的聊天氛围,赢得他人的信任,而有的人纵使有三寸不烂之舌,却依然被对方拒之千里,这便是说话技巧的重要性。因此,要想搞定沟通难题,做到在说话时不冷场、不怯场,就必须掌握正确的说话技巧。

> 只要我们能试着换个角度去阐述自己的观点、降低自己的姿态、提升说话的水平、改变说话的方式，想让忠言变得顺耳，获得他人的认可，将不再是难事。

马云说话之道

7.1 即便是忠言，也可以像马云那样说得顺耳

很多人时常纳闷，为什么自己一开口就不得要领，而马云一开口就能震惊全场、赢得掌声呢？

事实上，大多数人内心都会产生这样的疑问，这其实和"一样的话要百样地说"是一个道理，不同的话用不同的方式表达出来，所呈现的效果也会截然不同。当然，也有人会引用马云的"当你成功的时候，你说的所有话都是真理"来反驳，这种情况下，讲这句话的人无疑会遭人质疑。

因为忠言逆耳，忠言如果掌握不好说的分寸，不仅会引起对方的反感，还会让场面变得尴尬。其实，归根究底还是态度的问题，一个人如果在说忠言的时候，摆出一副高高在上、盛气凌人的姿态，恐怕再好的忠言也没人愿意听。

每个人都有虚荣心，都喜欢听到赞美的话，哪怕这些赞美不符合实际，是客套话，但大家还是喜欢听这种让人心情愉悦的话。但忠言就不同了，忠言大多是指出他人的缺点与不足，可以说是与赞美背道而驰的。这样一来，人们虚荣心得不到满足，心里自然也不舒服。

那么，说忠言的时候真的只能"逆耳"吗？有没有方法使忠言说出口的时候也变得"顺耳"呢?当然有,我们来看看马云是如何将"忠言"说得"顺耳"的。

我们所有做生意的人希望有一个很好的环境,我们称之为一个生态。其实阿里巴巴想做的是一个生态链。有人说你们胃口太大了,一会儿做B2B(企业与企业之间的营销关系)、B2C(企业直接面向消费者销售产品和服务的商业零售模式)、物流、支付,听说还要整金融,现在搞出一个操作系统,你们到底想干什么?

我们没想干什么,我们只想为在座的以及在这个外面几千万的网商建一个良好的生态系统,把成本降低,把整个社会的成本降低,只有这样,我们才能发展起来。竞争是一定存在的。

有人经常说某某公司又要挑战淘宝了,某某公司打败了阿里巴巴,挺好。

打败我们的,不是他们,而是我们自己顽固的思想。我自己觉得商场不是打败了对手你就能赢的,因为对手太多了。所以我个人觉得我们要花很多时间去想想生态系统,土地、水,还有生物多样性,各类竞争者在这儿,竞争让你完善,让你越来越成长。

你问我喜欢不喜欢竞争,我喜欢竞争,一听见竞争,我浑身快乐。竞争比赛的是什么,比如何更加快乐地完善自己,以及让对手越来越火,越来越不爽。生气的人是一定不会打架的,会战者不会怒。学会和竞争对手相处才是最厉害的,商场犹如一个生态系统,狮子去吃羊绝对不是因为恨羊,而是不得不吃。

打败对手,绝不是你多么强大,而是对手故步自封的思想,不愿意完善自己,使它失去了未来。我们也是一样,如果被对手打败,是什么导致失败?是技术不如人,我们必须完善;人才素质不如人,我们必须提升员工素质。生态思想,跟对手共赢,一起玩。没有狮子,羚羊们也活不久,所以不要恨对手。

——节选自马云在2011年第八届网商大会演讲的部分内容

看完这段话,大家能够从中领悟到什么吗?我们可以看出,马云虽然是在劝诫他人，但这话听起来却极为舒服，并没有给人不快的感觉。原因就在于马云将我转换成我们，这种述说方式，给人一种置身其中的感觉。也因此，这样的忠言才会让大家听得顺耳。

并不是每个人都能将忠言说得顺耳，最关键的还是取决于说话之人的表达方式。虽然马云的忠言在言辞上也表达得非常犀利，甚至可以说是一针见血，但不容置疑的是，他的忠言依然是博得好评一片、掌声不断。说到这里，我们再来看下马云说的这段话。

在座所有网商、在淘宝开店的人，其实我要深深表示歉意，我们员工可能在给大家服务过程中不那么好，尤其是我们的客服。但是我去看了我们的客服，对客服人员，我深表敬仰，因为他们拎起电话，每天听见的都是骂人的话，很少有人打个电话来表扬你一下。他们每天接受的都是骂人的话，自然会心情不好，而且他们都是二十三四岁的人。

因为都是年轻人，年轻人容易从不自信变成自信，然后到自负，到傲慢。我们有这样的趋势，而且这个趋势还存在着，但我们在不断完善。

我也提醒在座所有卖家都必须知道这一点，我们都在往这个方向走，怎样回归到自己？今天的强大，不是你的软件强大，不是你的服务强大，更不是你的创意强大，你的产品强大。而是互联网的强大、网商的强大、买家的强大，是整个社会这个时代造就了我们现在这样。

即便是忠言，也可以像马云这样说得顺耳。只要我们能试着换个角度去阐述自己的观点、降低自己的姿态、提升说话的水平、改变说话的方式，想让忠言变得顺耳，获得他人的认可，将不再是难事。

马云说话之道 | 唯有尊重他人，才能将彼此的沟通建立在一种平等的基础上，让沟通和谐顺畅地进行下去。

7.2 尊重别人，是保障沟通顺畅的法门

大家都知道，马云每次在公开场发表演说的时候，都能给人一种与众不同、标新立异的新奇感，获得大众的一致好评与认可。于是，许多人为了能像马云这样，开口就能成功吸引他人的注意，成为全场瞩目的焦点，便盲目而刻意地追求"与众不同"。

可是，大家在追求马云与众不同的言论方式时，却忽略了马云的与众不同并不是信手拈来的，而是由自身修养、阅历、形象、气质等方面共同决定的，并不是做一些博人眼球的举动就能带动全场气氛，获得他人认可的。

众所周知，马云在许多公开场合的演说之所以能够获得成功，收获荣誉与掌声，除了他能提出新颖奇特的观点与建议外，最重要的是他的礼貌待人，不管行走到哪里，不管与谁交谈，他都是一个将尊重他人放在首位的人。

阿里巴巴集团之所以能够拥有今天的成功，这一切都离不开马云的功劳，可以说没有马云，就没有今天的阿里巴巴。可谦虚的马云不止一次在公开场合表示，阿里巴巴离开了马云照样可以运转。这话一出口，就让人很舒服，这也正是马云说话最厉害的地方。

从当年的小公司一路走来，到如今的全球知名企业，随之而来的还有各种赞誉，马云把这一切当成一件平常事来对待，他在回应外界的采访时引用了世界首富比尔·盖茨的话："我不比别人聪明，我之所以走到了其他人的面前，不过是我认准了一生只做一件事，并且把这件事做得完美而已。"他把"一生只做一件事"当作人生的信念与目标。

正因为他说话谦卑，懂得尊重他人，所以他的每一次演说、每一次沟通，都能与他人愉快地交谈下去，并成功说服他人。

尊重他人，是保障沟通顺畅的法门之一。为人处世，若想和马云一样拥有一副好口才，在任何场合下成功说服他人，就要像马云那样做一个谦卑的人、一个懂得尊重他人的人。

唯有尊重他人，才能将彼此的沟通建立在一种平等的基础上，让沟通能够和谐顺畅地进行下去。当然，这种习惯并不是一朝一夕就能养成的，需要我们日积月累，并将这种行为习惯融入与人沟通的过程中。唯有如此，说话才能得到他人的信任与认可，沟通才能变得更顺畅。

马云说话之道 | 真正的说话高手敢于说不,更懂得如何拒绝。他们虽然拒绝了别人,但却不会让人感到丝毫不快。

7.3 向马云学习如何拒绝别人,而又不伤感情

拒绝别人,对每个人来说都不是一件容易的事。比起拒绝,我们更喜欢"接受""认同""赞成"这类正面的表达。拒绝别人会让人们感到愧疚,生怕伤害了别人,这种心理对人们来说是不小的负担。

为了克服不善于拒绝的本能,人们需要运用一些技巧,在拒绝别人时,既做到不勉强自己,也不伤害别人。

真正的说话高手敢于说不,更懂得如何拒绝。他们虽然拒绝了别人,但却不会让人感到丝毫不快。马云就是这样一个说话高手,他不仅能把别人喜欢听的话讲得妙趣横生,也能把别人不喜欢听的话说得熨帖周到,让别人能够愉快地接受拒绝。

从下面的内容中,我们就能看到马云高超的说话技巧。

马云是一个敢于说不,也懂得如何说不的人。阿里巴巴的战略定位是服务于中小型企业,如果有大企业想要跟阿里巴巴合作,他们是要慎重考虑的。不过马云不会直接回绝对方,而是告诉他们不合作的理由,阐明利害,这样对方便会愉悦地接受了。

对客户如此，对公司内部员工也是一样的。阿里巴巴有很多老员工，按照常理，这些老员工是在创业初期跟马云一起"打天下"的，是公司的元老，自然会获得更好的待遇。但马云却不一定这么做，他对那些达不到要求的老员工，从来不会网开一面，一直拒绝给他们晋升。当人问起原因的时候，马云说："这是个死命令。一起创业的18个人可以当连长、排长，但团长、师长以上的人，要通通从外面请。"

对寻求合作的大公司，马云向他们讲明利害，让对方明白合作对双方都是不利的，对方自然能够理解。对于寻求晋升的老员工，马云和他们讲明规则的重要性，告诉他们这样安排的用意，他们自然能接受公司的安排。被马云拒绝的人并没有觉得受到伤害，反而欣然接受了，这是因为马云的拒绝中包含了高明的说话技巧。

很多人都信奉中庸之道，不愿意随意得罪人，所以在拒绝别人时会表现得优柔寡断，常常因为拉不下脸而把简单的事弄得很复杂。拒绝别人难，拒绝熟人更难。我们应该怎样做，才能在拒绝别人的同时，又不伤感情呢？

其实，只要用对了方法，拒绝别人并不是很困难的事，下面有五大新策略，大家可以在实际生活中善加运用。

◆**注意拒绝时候的态度和讲话方式**

我们在拒绝别人时一定要态度诚恳，说明自己的难处，解释清楚原因。不说明理由的拒绝不仅会让对方难以接受，还会让对方觉得我们对他十分轻视。如果我们能在拒绝时给出一个合理可信的理由，对方一定会欣然接受。当然，说话方式也要注意，不能太过生硬，也不要用嘲讽的语气。

◆**移花接木法**

移花接木法是指，当别人提出请求时不直接拒绝，而是用另一件事回答对方，以达到委婉拒绝的目的。

比如，有一位朋友向我们推荐购买一台价格昂贵但功能强大的电视机，如果我们直接拒绝的话，就会给对方留下小气的印象。不过，我们可以这样说："我们家的电视机很少开，孩子每天放学回来要做作业、看书，为了帮他养成好习惯，我们每天晚上都会陪他看书，现在孩子已经养成了每天阅读的好习惯了。"这样的话，朋友一定会理解我们为什么不买电视机，还会佩服我们对孩子的言传身教。

◆思想渗透法

思想渗透法就是间接地让对方知道我们的想法，对我们的拒绝心领神会。我们可以运用一件事或一个故事来表达自己的意思，不需要直接说出拒绝的话语，点到即止。

◆承接导转法

直接拒绝容易伤别人的面子，我们可以运用承接导转法来婉转拒绝对方。所谓承接导转法，就是先含糊地答应对方的要求，再引导对方站在自己的立场上去看问题，让对方自行体会到要求的不合理，并让对方主动放弃。

巧妙运用上述说话策略和技巧，可以让我们在拒绝别人的同时，又不伤害对方的感情，不会影响双方之间的关系。

> 面对得寸进尺的人，一味地包容和退缩并不会让对方感激你，反而会使他变本加厉。我们应该把尊重留给懂得尊重的人，而不是那些得寸进尺的人。

马云说话之道

7.4 面对别人的"得寸进尺"，要懂得反击

在生活中，我们多少会遭遇不解和误会，从而觉得内心很委屈。但有句话说得好"有错就要认，挨打要立正"，一味狡辩反而会让人反感。如果你没有错，是对方得寸进尺，你也要懂得反击。

听过马云在很多公开场合的演讲，对于创业者的失误，马云一般持非常包容的态度。同时，他也会非常耐心地告诉他们哪里做得不好。马云对竞争对手也非常尊重，但是当他面对无理的要求时，态度也非常坚硬。

俗话说"和气生财"，意思是一切以用户为中心，企业想要获得可持续发展，就要做好用户服务，满足用户的需求，这也是一家企业长足发展的基本条件之一。但当遇到用户的无理要求，并且他们还得寸进尺时，应该怎么办呢？

得寸进尺的意思是，当你以最大的耐心包容他人，他人并不领情，还不断挑战你的底线。如果你无限忍让，就会把自己的事业拖垮。所以马云表示，只有坚持自己的立场，才能让自己越走越远，就是这个道理。

贪婪是人类的原罪之一，所以人们得到了还想获得更多。想要遏制自己的贪欲，就要把贪欲锁在心里，不要释放它；想要化贪欲为动力，就必须坚持自己的立场。不仅做事业如此，与人沟通更是如此。在这一点上，马云就为我们做出了很好的示范。

对于马云和阿里巴巴来说，2011年可能是最难熬的一年，特别是淘宝突然提高了商家进驻门槛，一石激起千层浪，后续的风波让马云费了不少脑细胞。事情的起因是，淘宝想要通过提高技术服务费和保证金来筛选进驻商家的质量，避免消费者买到假货。

而这一动作引起很多淘宝小商家的不满，他们利用规则的漏洞，先付款买下商品，再利用无条件退货的条款疯狂退货，甚至多家联合起来抗议，这一举动也引起了很多淘宝较大店铺的不满。为了解决这一问题，马云从美国飞回杭州，举行媒体见面会，向大家说明原因。在见面会现场，马云守住了自己的底线，字字珠玑，铿锵有力地说：

有人说阿里巴巴不了解小企业，不关注小企业的生死，我想问，国内有哪个公司或者哪个机构，能站出来说比我们更了解小企业，比我们更能够直接地了解小企业发展的现状和问题？这12年来，阿里巴巴的发展与中国小企业的发展荣辱与共，我深以为傲！淘宝运营9年来，至今仍然坚持免费开店策略，我们从不指望淘宝商城挣钱，但是我们要求所有商家必须要确保这个平台的整体品质，赚到钱的重要基础就是所有商家必须能给消费者提供有品质的商品和服务。

马云强调，淘宝发展至今，对阿里人来说意义重大，同时责任也大，他说道：

淘宝网每年仅运营成本就超过70亿元，淘宝平台今年交易规模达到6000亿元，培育了800多万商家，每年直接、间接提供200万个就业机会。如果有一天淘宝关门了，哪怕是关停一天，其影响都不堪设想，所以我们必须要采取一切确保品质的措施，这也是淘宝商城提高品质门槛的初衷。

虽然用户是上帝，但是上帝也有出错的时候，有错误就要指出来，不能纵容，这就是马云的原则。

我们在生活中也会遇到这样的事情，有的人说话非常不客气，甚至攻击性非常强，进而伤害到我们。这个时候还要忍气吞声吗？当然不是，我们要坚决地反驳回去。面对这样的人，一味地包容和退缩并不会让他感激你，反而会使他变本加厉，我们应当把尊重留给懂得尊重的人，而不是得寸进尺的人。

当然，反驳他人的意见实际上就是在否定他人提出的观念，多少会让人感觉难以接受。所以，反驳他人也应该讲究方法。具体来说，应该注意以下几点：

◆ 言之有理，合乎逻辑

在这里要弄清楚一个概念，反驳不是为了争个你输我赢，而是要纠正对方错误的认识，所以不能得理不饶人，明明自己是占理的一方，反而成了理亏的一方。怎么做才合适呢？首先，自己在表述观点时应该逻辑清晰，不能胡说八道。其次，在反驳对方时要有理有据，不能自顾自地说大话、空话。

◆ 方法灵活，语言平和

从说话方式上来看，应该用一些巧妙、婉转、温和的方式反驳对方，最好不要产生正面冲突，更不能站在道德的制高点谴责别人。在组织语言时，不要过于偏激，本着就事论事的原则，也不要硬碰硬。

如果你对某个观点持保留意见，可以这样说："我对这个问题也非常感兴趣，只不过我跟你有不同的观点。"或者说，"我在一本书上也看到过这个话题，只不过他的说法跟你不太一样。"用委婉的语气说，既能顾及对方的面子，又能让对方清楚自己的意思。

如果遇到了不听劝的人应该怎么办呢？其实，生活中有很多这样的人，退一步海阔天空，我们不要急于求成，不要当下就和对方针锋相对，过段时间等大家气消了再说，效果可能会更好。毕竟，反驳的目的是说服，而不是吵架。如果发生争执，反而会影响大家的关系。

◆ 先肯定，再否定

实际上，当我们在反驳对方时很容易陷入一个误区，就是先突出矛盾，再解决问题。这样一来，双方就忽视了彼此的共同点所在，很容易造成矛盾升级。如果采用"先肯定，再否定"的方法，或许能让双方达成共识的速度加快。

因此，当我们在反驳别人的观点并试图说服对方时，不要直接否定对方，而是要先顺着对方的逻辑说，肯定对方说的内容，然后再提出自己的看法。这样会让人暂时忘掉争执，把注意力转移到讲道理上来，并且渐渐意识到自己的错误观点，最终达成一致。

这样做也是符合双方心理学原理的，因为当一个人说"不"的时候，他浑身上下每一个细胞都在排斥，并处于高度紧张的状态。但是当一个人被肯定时，情绪就十分放松了，此时再谈自己的想法是非常合适的，对方也比较容易接受。

◆不以势压人，知错便改

既然反驳的目的是为了讲明道理，就要本着对事不对人的原则，不要逼迫对方一定要接受你的观点，更不能用过激的言辞威胁对方。

除此之外，还要注意在说服他人时，不能抱着"我说的才是对的，你说的就是错的"的观点，这就先入为主了。在说服他人时，要抱着客观的态度，当发现自己也有问题的时候，就要及时认错，不要"死鸭子嘴硬"，承认自己的错误一点也不丢脸。

不要把感恩之情放在心里，我们要学会表达感恩，并大声地说出来，让付出的人知道我们的感激之情。

马云说话之道

7.5 感恩的话，一定要大声说出来

我们身处一个讲究合作的社会，很多时候，我们之所以能做成某件事，其实都离不开别人的帮助和协作。而面对这些帮助过我们的人，或者与我们有过愉快合作的人时，很重要的一点就是学会感恩。

在这个世界上，总有一些人非常自负，他们认为自己无所不能、超级厉害，在他们的眼里从来看不到别人的付出。要知道，一个真正聪明、会说话的人不仅不会向别人炫耀自己的功绩，还会在合适的场合告诉别人自己周围的人曾经付出过多少，这会让别人觉得他是一个懂得感恩的人，一个值得信任的人。

在这方面，马云就为我们做出了很好的示范。

在一次接受访谈时，主持人、杨达卿和马云之间曾经进行过这样一段对话。

杨达卿："我们曾经做了一个调查，很多淘宝的卖家，他可能不是依赖于产品本身，而是依赖于物流差价赚取费用，比如说一件衣服，它在淘宝上挂着快递费用10元，实际上它最终给物流商的可能是6元，而这个差价造成好多淘宝卖家一个依赖性。今天阿里巴巴提出1000亿的投资计划，而且在投入200~300亿元的仓储系统，阿里巴巴或者淘宝凭借话语权优势怎么营造好的游戏规则？"

主持人："总而言之，是觉得你抢了别人的饭碗。"

马云："我们没想抢合作伙伴的饭碗，阿里生态系统有今天是无数快递人员点点滴滴的努力造就的。我的职责和我们的目标是投下去所有的钱，让这些人受尊重，让这些人的生活条件好。

11月11日，光淘宝促销一天的包裹就达到7800万个，因为特别感动，我第二天请了物流公司的老板吃饭，我问他们怎么做到送出去的，他们说他们把家里所有快递人员，把自己的太太、儿子、女儿、外婆所有的人员都用出去了。

这是中国的奇迹，所有人去想象191亿元的奇迹，7800万个包裹，每一天还有2000万个包裹加进来，快递居然没有瘫痪。并且送出去了，这是更大的奇迹。我由衷地尊重他们，我投资物流，是让他们活得更好。当然，活得更好不是分钱，只要能用钱解决的问题都是小问题。

我希望制造业赚钱，消费者得到好处，中间的服务提供商能赚钱，而不是被那些传统的流通领域所垄断。我们做的是消费流通，我们希望消费流通，迅速影响到消费制造，再由生产制造改变生活方式。

我听见有公司说招两万名快递人员，他是做电子商务的，我挺为他着急的，我觉得这样是不行的。必须让社会上其他人活好，帮你服务的人活好。如果服务得不好，你可以请更好的。"

从上面的这段话中我们看到，马云在说话的过程中并没有过多地谈及自己的阿里巴巴和淘宝，而是一直在说快递人员有多辛苦，他们到底付出了多少，并由衷地表达了自己的感谢之情，同时还给自己的合作伙伴打了广告。

而且，人们还对淘宝有了更全面的认识，也肯定了快递从业人员的付出，这种表扬他人的做法就是表达感恩。

我们的身边一定会有这样的人，他们会在自己力所能及的范围内不经意地给予我们配合与帮助，这样的人我们不能忘记，更不能认为他们的付出是理所当然的。我们应该在适当的场合，告诉人们他们曾经做过什么。要给他们一个正面的评价，这样不仅能提升我们的格局，还能赢得更多的尊重和肯定。

要知道，没有人会喜欢一个自大又自我的人，因此，我们不要总是想着自己，而需要打开自己的怀抱，看到别人的付出，做一个懂得感恩的人，让别人真正地认可我们。

最重要的是，我们不要把这份感恩之情放在心里，我们要学会表达感恩，并大声地说出来，让付出的人知道我们的感激之情。这样我们的伙伴才能更愿意与我们交往和合作。

那么，在现实的生活中，我们应该怎么去表达自己的感恩呢？或者说，在表达感恩的时候，我们又应该注意什么呢？以下几点建议，希望能够帮助到大家。

◆**真心实意**

说感恩的话一定要发自内心、真心实意，只有这样才能体现我们真诚的感谢之情。为了更好地表达我们的感谢程度，我们可以在感谢的话语中加一些形容词，比如，我们可以这样说：

实在太谢谢他了！

万分感谢他的帮助和关心！

已经不知道该怎么感谢他了，他对我的帮助我永远记在心里！

◆**直截了当**

批评、建议的话要婉转地说，赞美夸奖的话要换种方式说，但感谢的话却应该直截了当地说。而且要把感谢的重点说出来，我们要让对方感觉到：他的帮助对我们很重要，他的付出也是值得的。更重要的是，我们领了这份情。

比如，同事在你孩子上学的事上帮了大忙，你要这样向他道谢："这次我孩子能顺利入学，多亏了你，要是没有你的帮忙，我孩子一定上不了这么好的学校。我实在太感谢你了！"

◆指名道姓

说出感恩的话时,还应该提及对方的姓名,这种做法可以让我们的感谢显得更专一,也更能打动对方的心。特别是有一群朋友需要感谢时,除了说"感谢大家"以外,还要一一点名道谢。

比如,一群朋友帮你搬家,你可以这样表达感谢:"非常感谢大家今天的帮忙!小敏,谢谢你帮我打包衣服;小许,谢谢你帮我联系搬家公司;倩倩和阿亮,谢谢你们帮我打扫卫生;还要谢谢小葛帮我装电脑。你们今天都辛苦了,走,我请大家吃火锅!"

◆主动及时

主动和及时,是表达感恩时最关键的两点。及时,就是要在别人帮助我们后,在最短时间内向对方表达感谢;主动,是指我们要主动开口,或主动上门亲自向对方道谢。总之,知恩不仅要图报,还要及时主动地表达。

我们要在恰当的时间、恰当的地点表达自己的感谢之情,内容要真实、言语要恰当,这样对方才能真正感受我们的感激之情。

好的话题是聊天的开端,是让对方打开话匣子的关键。找到好话题,聊天就能顺利地进行下去。

马云说话之道

7.6 找好话题,交流才能渐入佳境

俗话说:"酒逢知己千杯少,话不投机半句多。"每个人都喜欢跟和自己有共同语言的人相处,如果没有共同语言,双方沟通起来就不会顺畅,聊天就会感到无聊和疲惫。

想要与他人更好地交流,话题的选择非常重要,和对方聊什么、从哪里开始聊,都是聊天时需要重视的关键。在生活中,如果你经常觉得与人聊天很吃力,或者经常把天聊死,或许,你就应该好好考虑一下,你每次聊天所选择的话题是否合适。

对于聊天话题,人们普遍存在这样的误解:只有那些不平凡的、令人惊奇的大事件才是值得谈的。所以,很多人在与人聊天时总是搜肠刮肚地去寻找值得谈的大事件,却忽略了聊天本身的目的和意义,最后让彼此的谈话变得索然无味。

在生活中,你是否也遇到过这样的经历:在与人聊天时,拼命地在脑中搜索怪诞的奇闻、曲折的经历,或者轰动一时的新闻,希望自己能说出一些对方不知道,或者令对方刮目相看的话来。

不可否认，这些大事件的确是普通人最感兴趣的，如果能在聊天的时候抛出这一类话题，一定能吸引对方，让自己成为谈话的中心。问题是，这类事件在我们的生活中其实并不多见，就算有，人们可能也已经听过无数遍了，并不需要你再来讲一遍，因为再精彩的故事，讲得多了也会变得索然无味。况且，在有些人那里受欢迎的故事，在另一些人面前可能并不一定会受欢迎。所以，如果你坚持认为只有那些不平凡的事才值得讲，那么你就常常会感到无话可说。

其实，在现实生活中，人们除了喜欢听一些奇闻轶事以外，也很乐意和朋友分享一些日常生活中发生的小事，而这些小事，便是很好的聊天话题，比如说："孩子要选哪一所学校比较好？""蚊虫叮咬后买哪种药比较好？""周末上映的电影好不好看？"等等。

除此之外，在选择聊天话题时，最重要的一个原则便是要贴合实际，找到大家都普遍关心的话题。在这一点上，马云就为我们做出了很好的示范。在某次演讲中，马云曾经讲到了这样一个话题：

十年以前，我鼓励阿里巴巴所有的年轻人，我说买房子去，赶紧买房子。老的阿里人都记得，每次吃饭我都给大家讲。我是1992年买的房子，而且我那时候鼓励他们，要买超过四十平方米的房子。你自己只能买三十平方米的话，借钱也买七十平方米；你只能买七十平方米的话，借钱买一百平方米。那时候我鼓励大家买房子，但是现在我鼓励大家不要买房子。

我讲这个可能有些人会不高兴，但是我讲真话。我们靠房地产拉动内需的时代已经过去了，真正房地产要起来，需要拉动房租，让房租起来。我想劝所有的阿里人，今天不要买房子，去租房子。

我现在比较担心，我看到全国好多城市，像杭州算是比较富裕的，经济比较稳定，形势比较好，现在我看电视，政府出台一系列房地产政策，这些政策是鼓励大家买房子，鼓励贷款，但是我认为是非常危险的。现在为什么买房子？买房子是因为你对自己有信心，对未来有信心，对经济、对自己的工作有信心。假如你今天因为房价便宜买了房子，假如明后年经济非常糟糕，很多公司关门倒闭，你没有工作了，你怎么还房贷？这些问题大家要看到。

衣、食、住、行是人们最关心的问题，特别是在房价飙升的今天，住房问题更是人们关心的大事。马云在演说中提到了买房子的事情，相信在座的人都会全神贯注地听。马云也很清楚，二十年前、十年前都可以投资房产，但是现在不行，理由是"我们靠房地产拉动内需的时代已经过去了"，所以他说"所有的阿里人，今天不要买房子"。

马云的话会让很多人开始思考，房子到底要不要买。这个话题对普通人来说很广泛，也很重要，所以自然会引起大家的讨论。

人与人之间的沟通是从共同的话题开始的，共同的话题可以引起情感共鸣，让聊天双方的距离迅速拉近。找到一个好的聊天话题，就相当于向对方抛出一根释放友好信息的橄榄枝。

需要注意的是，在选择共同话题时，我们也应该对对方有一定程度的了解，只有这样，我们抛出的话题才能更符合对方的心意，聊天才能更加深入。反之，如果对方对我们的话题不感兴趣，那么，即便我们的话题找得再有趣也没有意义。而要了解对方，就需要我们在平时做一个有心人，多观察对方的爱好，多揣摩对方的心理，多了解对方的兴趣点。

此外，当我们的聊天对象是不太熟悉的陌生人时，我们就可以和对方聊一些比较普遍而安全的话题，从而保证我们在聊天时不"踩雷"、不出错。以下汇总的是一些比较常见的话题，希望能帮助到大家。

◆以健康为话题

在聊天时关心对方及其家人的健康是永远都不会出错的，也能够让对方感受到我们的关心。而且，健康是一个比较宽泛的话题，其中可以聊的内容有很多。

◆以爱好为话题

爱好是人们最感兴趣的事，这个话题非常容易引起大家的共鸣。而且，每个人说起自己的爱好来都会滔滔不绝。所以，在聊天时和对方聊爱好，一定不会冷场。

◆以往事为话题

具体来说，在聊天中，我们可以与对方一起回顾某个年代的人物和事件，在怀旧情绪中拉近彼此心灵的距离。

◆以时事为话题

时事新闻是众所周知的内容，而且每个人都能发表自己的看法。在聊天时，我们可以把重大新闻事件拿出来和大家一起讨论，分享彼此的观点，增加聊天的热度。

◆以行业为话题

在聊天时，我们也可以就双方从事的职业来展开话题，聊一聊行业的趋势和前景，聊一聊双方的工作成就，或者工作上的趣事，以及共同认识的工作伙伴。

总之，好的话题是聊天的开端，是让对方打开话匣子的关键。找到好话题，聊天就能顺利地进行下去。生活中，引发话题的方法其实很多，只要善于发现和利用某件事、某个景、某种情感，都可以引发出一番别样的话题讨论。重点在引，目的在导，只有合理而有效的引导，才能诱发对方谈话的兴致，并让对方产生说话的欲望。

马云：成功靠情商 说话靠口才

第8章
套路新奇、新鲜有趣的话术精进技巧

说话是我们与他人沟通、交流的重要方式之一,是我们表达内心世界的最佳途径。同样意思的一句话,从会说话的人嘴里说出来,能让人如沐春风,而从一个不会说话的人嘴里说出来,会让人别扭或不悦。得体恰当的语言表达和套路新奇的说话技巧,是拉近我们与对方心灵距离、建立良好人际关系的关键。

所有的好口才都是用心包装的，而那些懒得用心的人，在责怪别人小心眼的同时得罪人也就不奇怪了。

马云说话之道

8.1 焦点放在"人"身上，才能收获好人缘

说话这件事的影响很广泛，对我们的日常交往也有很大的影响，其中影响最大的就是它能决定我们的人缘。人们之所以羡慕那些会说话的人，其实是在羡慕会说话所带来的好人缘。相反，那些不会说话的人，一开口就把别人得罪了，人缘当然好不了。

也许你会说："'说话讨厌'都是别人的事，跟我没关系。"其实，在现实生活中绝大多数人都非常重视自己的人缘，他们在说话的时候也会时刻注意自己的表达方式，尽量避免说得罪人的话。可为什么有的人就是人缘不好呢？当我们质问他们为什么不好好说话时，他们还委屈巴巴地说："我明明是好好说话的呀，怎么就把人得罪了呢？"

其实，得罪人也分显性和隐性两种。不一定是口出恶言，起了正面的冲突才是得罪人，有时候，即使我们没有恶意，但如果思路和表达出了问题，也会让对方觉得不舒服。

要知道，隐形的得罪人更麻烦，虽然对方也知道我们不是故意的，但是我们所表达出来的言语会让对方有一种不舒服的感觉，而对方又不好摊开与我们计较，所以那些隐藏在心底的不舒服就会慢慢发酵，致使对方心里更不舒服，久而久之，也就对我们敬而远之了。

一般来说，有三种暗示最容易让人产生不舒服的感觉。

◆**明明想表示关心，可别人听起来却像是指手画脚**

比如，有些人去朋友家做客时，看到房间有些凌乱，就会不假思索地说："你家里怎么乱七八糟的啊？"也许你想表达的是对朋友的关心，可说出来话却像是指手画脚、评头论足。

要知道每个人都是独立的个体，都有自己的生活习惯，这样凭空指责的话只会让对方觉得我们是在对他的生活指手画脚，对方当然会觉得不舒服。

也许有人会说："这明显就是指手画脚、批评别人，我又不傻，怎么会说出这样的话？"可是我们要知道，就算我们想要表示关心，或者是想要夸奖人，也不要用这种说话方式，否则只会适得其反，让人心里不舒服。

比如，有一位同事因为工作能力突出，得到了一笔奖金，如果我们对同事说："你真棒，恭喜你！"，这样的话是没什么问题的。可如果我们煞有介事地走过去拍着同事的肩膀，用评价的语气说："嗯，做得不错！"甚至还对同事的具体工作做出点评和建议，那就很有问题了。

所有的指手画脚，不管是正面的，还是负面的，都会让对方觉得我们有种高高在上的姿态。这种不平等的沟通方式，自然会引起对方的误会，以致我们把人得罪了都不自知。

◆**明明想表示安慰，可别人听起来反而是漠不关心**

有时候，漠不关心也是对他人的不尊重，不尊重他人自然会得罪人。有些人在说话的过程中往往会犯一个错误，那就是我们以为是安慰的话，可能在对方听来就像是漠不关心。

比如，别人遇到困难的时候，我们说："都是这样的，我们是过来人，这才多大点事""哪有人不出错的，都一样"等等，这种降低事情重要性的语言,在我们看来是安慰,可是在别人看来就是漠不关心。这种表达方式会适得其反,让对方觉得我们是站着说话不腰疼,是在说风凉话。

因为这些所谓的"看开点",只能是别人说,不能由我们的嘴说出来,否则我们就会在无意中让人不舒服。

◆**明明想表示委婉礼貌,可别人听起来却是暗藏心机**

如果有人在说话的时候暗藏心机,我们会是什么感觉呢?肯定也会觉得心里不舒服吧,因为所有的人都不想在不知情的情况下被人利用。

比如,有人喜欢在微信上留言"在吗""你什么时候有空"等等,这些看似礼貌的话语,其实会令人讨厌。因为如果我们不是单纯的问候,而是有事想请求对方的帮忙,那么对方一旦回答"在""有空"就不好再拒绝我们的请求了,而我们的委婉和礼貌也就变成了别有用心。长此以往,人缘自然也就不好了。

那么,在日常生活和工作中,我们究竟要怎样说话,才能避免得罪人,获得好人缘呢?其实,这个答案真的很简单,那就是:把焦点放在"人"身上。

◆**当我们想要评判他人的时候,试着以自己的感受为出发点**

比如,我们可以把"你这人怎么这样啊!"这种带有评判性的话换一种说法,换成描述自己感受的话:"你这样让我真的很为难!",这句话听起来就会让人舒服得多。

为什么这样说呢?因为前者是居高临下的批判,在人际交往中,是一种越界的行为;而后者是对自身感受的描述。虽然这两句话表达的意思是一样的,但后者把对别人的评价转换成描述自己的感受,这种平等的说话方式既表达出关心,又不会得罪人。

同样的,我们可以把前面祝贺同事的话也换一种说法,我们在祝贺别人的时候完全可以不去评论别人,而是这样说:"你真棒,我要是能像你这么优秀就好了!"你瞧,这种祝贺的话是不是要好很多,拿自己说事既能表达我们的祝贺之意,又避免过度评价。

只要明白了这个道理，我们就不必搜肠刮肚地去说一些赞美之词，说得不好反而会让别人觉得我们是在指手画脚。

◆为了避免给人留下漠不关心的印象，安慰的时候最好强调人

其实，我们在安慰对方的时候，最好把语言的重点放在人的身上，对于上面的情况，我们可以这样说："这件事对你而言确实挺可惜的，我知道你付出了很多，这些大家都看得到""我知道你花了很多心血，可事情变成这样也不是你的错"。

你看，同样是安慰的话，这样的表达方式就会比上面的要合适很多，因为我们把重点放在人的身上了，就会显得更温情了。虽然这些改变只是说话技巧上的一小步，但是却是决定我们能否拥有好人缘的一大步。

◆想求他人办事的时候，第一时间把要求说清楚

当我们开口问"在吗""你什么时候有空"的时候，我们有没有想过，难道别人有空就一定要帮我们吗？有空的时候可以做的事很多，别人为什么要帮我，再说如果真的没空，也不会为了我们而变得有空。

所以，我们在求人办事的时候，应该第一时间把事情说清楚，要办什么事，什么地方需要帮忙，有哪些顾虑，有没有好处等等，都要与对方讲清楚，这样才是求人办事的态度。退一万步讲，我们先来个漫天要价，还不能让别人坐地还钱吗？

如果我们一上来就直接问别人有没有空，就是忽略对方的想法、不尊重对方的表现。这样对方不仅不愿意与我们说话，还会有一种差点被套住的感觉。

每个人都不喜欢被"套路"，人与人之间互相帮忙也是正常的，只要我们大方地说出来，对方才好确定这个忙该不该帮，否则，就是偷偷摸摸地把别人当了傻子。

也许有人说，这些都太麻烦了，只是说个话而已，为什么要有这么多的顾虑呢？再说又不是故意的，如果因为这点事对方就不开心，那就只怪他自己

太玻璃心了。

其实，说话的过程本来就是点滴积累、不厌其烦的过程，而那些特别会说话的人，并不一定是他们的口才有多么好，而是因为他们的情商很高，懂得顾及别人的感受，他们在说每一句话前都要预先磨去锋利的棱角，保证说出来的话让人心情愉悦，不得罪人。

所以，所有的好口才都是用心包装的，而那些懒得用心的人，在责怪别人小心眼的同时得罪人也就不奇怪了。

总而言之，高情商会说话的人，在说话的过程中会懂得什么话能说，什么话不能说，怎样说才不得罪人；会根据对方的心理特点，说适宜的话，这样才能保证在说话的过程中不碰钉子、不失体面、不得罪人。

马云说话之道

在现实生活中,我们也可以像马云一样使用这种说话的技巧,或是引用名人的话,或是用名人的经历来论证自己的观点,这样既生动形象,又能起到很好的说服效果。

8.2 借名人的名头说自己的话,效果会更好

同样一句话,同样的意思,由普通人说出来和由名人说出来效果是不一样的。从普通人嘴里说出来就是一句普通的话,没有什么特别之处;如果从名人嘴里说出来就会变成一句很有道理的话。

马云刚开始创立阿里巴巴的时候,说出来的话不仅没有像现在这么有影响力,还遭到了很多质疑。马云为了让别人相信自己做的事是值得信赖的,于是他想出了一个办法,那就是"狐假虎威",借用名人的嘴,说自己想说的话。这件事究竟是怎么回事呢?

原来马云在一次演讲中说:"很多人创业想发财,想赚钱,为了生存而创业。也许大部分人是这样,我觉得我们去创业的时候,是要证明自己是对的,证明自己对的是什么。我们要证明可以通过互联网帮助很多人获得财富,互联网会改变人类生活的方方面面,这句话是我说的。

"当时我说互联网将改变人类生活的方方面面,没人理我,我就改成比尔·盖茨是这样说的。我们1994年、1995年开始执着地走这条路,确定互联网要改变生活,我们要帮助中小企业,帮助创业者,帮助弱势群体。"

想当初，马云在创业之初四处演讲时不仅被人们当成了骗子，还有人说："你看这个人的长相，看起来不像好人……"虽然马云自己清楚要走的是一条正确的路，但是不管自己怎么说，别人就是不相信怎么办呢？

于是马云就想到了借用比尔·盖茨的嘴，当马云的话被冠上了比尔·盖茨的名声后，那些本来不能引起人们重视的话立刻赢得了人们的认同，后来人们开始逐渐重视互联网，重视马云说的话。

其实，马云借的是比尔·盖茨的名声和影响力，最终的目的是为了让别人相信他所说的话。在现实生活中，我们也可以像马云一样使用这种说话的技巧，或是引用名人的话，或是用名人的经历来论证自己的观点，这样既生动形象，又能起到很好的说服效果。

现如今，马云曾经说过的话也开始被人们广泛运用，比如，马云说："有些话，我真不记得是不是我说过的。""当你成功的时候，你说的话都是真理。"

当我们自身的能力还不足以引起别人重视的时候，我们就需要借助他人的力量，这里所说的借力并不是指找他人帮忙，而是借助名人说过的话，或是名人的行动来证明我们说的话。这样不仅能增强听者对我们的信心，还能使沟通变得更顺利。

这就好比古代行军打仗，如果我们只有弓、没有箭，可是又想取得战争的胜利，那么我们就要像诸葛亮一样使用"草船借箭"的办法。要想办法借用别人的名气，除非我们的影响力已经足够大，我们所说的话很有分量，否则尽量避免用"我"来开头，用名人名言、事迹来表达效果会更好，因为我们的个人经历根本不值一提。

马云说："2003年，阿里巴巴在B2B领域的发展已经非常好了。怎样走下去，我也很迷茫。"

当一个人处在第二的位置上时，可以跟着前面的第一走，但是当一个人处在第二的位置上时，往往内心是迷茫的，因为他失去了参照物。

马云说:"那时我凭什么做出一系列决定,就是凭借使命感。"

接着马云列举了两个例子:

爱迪生企业的使命是什么?Light to world(让全世界亮起来),上到企业CEO(首席执行官),下到企业的门口,但凡公司的人都知道要把自己的灯泡做亮、做好,后来终于做到了"打遍天下无敌手"。

迪士尼公司的使命是什么?Make world happy(让世界快乐起来),迪士尼所有的东西都是让人开心、快乐的,不仅如此,就连拍的电影也是喜剧,招的员工也是一群快乐的人。

马云借名人的嘴说出自己想说的话是借,借名人的故事论证自己的观点也是借,但是我们需要注意的是,这里提倡的是借,不是偷,不是造谣。比如,传销组织就经常拿名人的话来给人洗脑,这种歪曲事实的做法就不是借了,这是触犯法律的行为。因此,不管我们怎样借势、借力都可以,但做人最基本的底线是,不能触犯法律。

> 模糊的回应可以体现一个人随机应变的能力，缓解紧张的气氛，减少其他人的心理负担。当遇到一些特殊、紧急的情况，话又不用说得太清楚时，我们就可以运用这种表达方式。

马云说话之道

8.3 用模糊的语言来回避敏感话题

生活永远不会按我们的意志来发展，很多事会在我们毫无准备的情况下发生。比如突然被人问到敏感问题，或在聊天时突然被卷入一个尖锐的话题，这种突如其来的状况，常常会让我们左右为难。说错话会得罪人，保持沉默又会引起别人的不满，让自己的形象在别人的心中大打折扣。

那么，面对这种情况，最好的解决办法究竟是什么呢？答案就是：用模糊的语言来回应。

模糊的回应是聊天和交际中很常见的一种说话技巧，它可以体现一个人随机应变的能力，缓解紧张的气氛，减少其他人的心理负担。当遇到一些特殊、紧急的情况，话又不用说得太清楚时，我们就可以运用这种表达方式。

我们先来看一个案例。

由于山体落石，道路被阻断，一辆旅游大巴被困在了路上，只能等待道路疏通后才能通过。司机把车开到安全地带后，导游告知了游客们情况，并请游客们耐心等待。

等了两个多小时以后，有的游客已经按捺不住内心的焦躁情绪了，开始追问导游什么时候能继续出发。导游联系了公司方面后得知，道路已经在疏通当中了，但是因为落石比较大，所以还要等一段时间，但仍然不知道具体要等多久。

为了安抚游客们的情绪，导游笑着说："请大家不要着急，道路已经在疏通了，把落石清除干净了还要排除隐患，这也是为了大家的安全，请大家再耐心地等待一会儿，不要走远，说不定我们的车马上就要开了。"随着导游的话语，游客们的心情渐渐平静了下来。

在导游的安抚下，游客们又等了一个多小时后，大巴车终于重新出发了。

可以看到，案例中的导游用了一连串的模糊语言，比如"一会儿""马上"，这些话语不仅安抚了游客，也为自己留下了余地。试想一下，如果导游为了安游客的心，随意地说："一个小时以后就能出发"，但一个小时后游客们仍然不得不留在原地，他们的情绪会更加激动，更加难以安抚。

在使用模糊语言回应方面，马云也是一个高手。

2017年1月19日，马云在美国参加达沃斯论坛的时候，曾接受了纽约时报专栏作家安德鲁·罗斯·索尔金采访，这也是达沃斯论坛人气最为火爆的一场对话。在采访中，索尔金和马云有这样一段对话：

索尔金："关于阿里巴巴和你们自身的商业模式，我想大部分西方人可能不太理解。我能否尝试让你们与亚马逊做一下比较？这样比较可能你们会觉得不太公平。不过令我感觉很有意思的一点是，亚马逊所追求的，我感觉比较像是重资产的商业模式，他们购买飞机、想拥有整个供应链；而阿里巴巴就零售部分来看，相反地，你们并不想自营仓库、不想自营物流公司。对此你怎么看？杰弗里·贝索斯（亚马逊创始人及首席执行官）正确，还是你正确，还是你们会在中间地带会合？"

马云："我希望双方都是正确的，因为世界不是只有一种商业模式，如果世界只有一种"正确"的商业模式，这个世界将非常乏味。我们需要各种各样的模式，为某种模式而努力的人们必须相信这种模式，我相信我所做的。至于谈到和亚马逊的不同之处，亚马逊更像是一个帝国，自己控制所有环节，从买到卖；我们的哲学则是希望打造生态系统，我们的哲学是赋能其他人，协助他们去销售、去服务，确保他们能够比我们更有力量，确保我们的伙伴——10万个品牌和中小企业能够因为我们的科技和创新，而拥有与微软、IBM 竞争的力量。我们相信通过互联网技术，能够让每一家企业都成为亚马逊。"

事实上，在这段对话中，索尔金的问题是非常尖锐的。不管马云回答哪个企业的商业模式更正确，都可能会引发尴尬，甚至会得罪人。当然，这也没有难到马云，在回答的过程中，马云并没有强调究竟淘宝和亚马逊谁的商业模式更正确，而是采用了一种模糊应对的技巧，分别对亚马逊和淘宝进行了肯定。这个堪称完美的答案，也让我们看到了用模糊的语言来回应敏感话题的有效性。

那么，在实际的生活中，我们什么时候可以使用模糊语言呢？又应该怎样正确使用模糊语言呢？以下建议值得参考。

◆用模糊语言应对请求

用模糊语言应对请求是一种很常见的技巧，面对别人的请求时，模糊的语言可以帮你做出灵活的表态，既不直接拒绝对方，也给自己留有余地。我们都知道"说出去的话就像泼出去的水"，是收不回来的，为了不给人留下把柄，我们就要善用模糊语言。

别人请我们办事时，一定是抱着希望来的，希望我们能把事情办成。虽然我们是真心想帮助对方，但也不能满口答应，而是要模糊应对，为自己留点余地。这样做的原因是：万一因为某些客观原因，事情没有办成，对方会失望，我们也会失信于人。

面对别人的请求，你可以这样回应："我很愿意帮你，但这件事我也没有百分之百的把握，不过我会尽力去试一试。"

不把话说死，我们才能做到进退自如，不让自己陷入被动。事情办成了，当然是皆大欢喜，如果事情没办成，对方也不会长时间地耿耿于怀。

还有一种情况是，我们没有能力帮助对方。此时，就算帮不上忙，也不要忘了用模糊的语言来应对，千万不要用很生硬的语言来拒绝对方，这样会刺痛对方，让他更难过，甚至还有可能会产生一些激烈的言行。我们在委婉拒绝的同时，还要安慰对方，让对方感到事情并非全无希望，也许经过努力后会慢慢好起来。无法帮助别人时，我们可以这样模糊地拒绝："我也很想帮你，可是我的能力实在很有限，我帮你问问其他人，说不定能找到可以帮忙的人。"

◆用模糊语言化解尴尬

模糊的语言还能帮助我们巧妙地化解尴尬。有的问题回答了得罪人，不回答也不礼貌，在这种尴尬的情况下，就需要用到模糊的语言了。

在一次聚会中，一位精心打扮的中年女士请大家猜她的年龄，有的人故意说25岁，这位女士说："这个答案太没诚意了，你干脆说我18岁好了。"又有人猜45岁，这位女士不满地说："我看起来年纪有那么大吗？"其实这位女士的真实年龄是40岁，但这时大家都不敢再猜，生怕自己说错了话得罪人。

这时有一位小伙子说："您看起来这么年轻美丽。年龄应该减去10岁，但又这么智慧优雅，又应该再加上10岁。"这位女士愉快地笑了起来。

女士的年龄的确是个敏感问题，但这个小伙子没有正面回答，而是用模糊的语言博得了这位女士的莞尔一笑，成功地化解了尴尬的气氛，也巧妙地恭维了这位女士。

总之，善用模糊的语言，能让我们的语言更加圆融，也能让人际关系更加和谐。

如果想让对方真心地接受自己的批评和意见，就要坦诚面对自己，真心地与对方沟通，让批评的话语变得更顺耳。

马云说话之道

8.4 坦诚面对自己，让批评变得更顺耳

俗话说"忠言逆耳利于行，良药苦口利于病。"但是，太过直接的"忠言"却有些让人难以接受，贸然的批评不仅不能达到很好的说服效果，反而会让对方产生抵触情绪，因此与别人结怨。哪怕我们自认为自己是一片好心，对方也不一定能接受，因为我们的批评会在无形中给对方带来很大的心理压力。可是，如果我们在批评别人的同时，也能坦承自己，把自己放在与对方平等的地位上，对方就不会因为我们的批评而耿耿于怀了。

在由马云做评委的《赢在中国》第一赛季中，有这样一个创业故事。

郑女士是一名销售精英，20世纪90年代时，她先后在知名白酒公司和保健品公司做过销售工作，曾在一年内把一款保健品的销售额从500万元提升到了1亿元。郑女士在1994年进入红酒行业做品牌代理，她最鼎盛时期的年销售额高达4千万元，年利润达到了400万元。

带着这样辉煌的战绩，郑女士在2000年踏上了自己的创业之路。她停止了自己的品牌代理工作，在苏州开设了一家葡萄酒厂。郑女士的公司没有很复杂的组织结构，最高层是董事会和CEO，下面就是三家销售公司和一家酒厂。

公司运营之初，一切情况良好，仅2001年初生产的第一批红酒就盈利400多万元。

可是，没过多久郑女士的公司就出现了意想不到的情况，不仅人员流失严重，而且资金周转也出现了严重的问题。有过合作关系的同行开始到郑女士的公司挖墙脚，一批中层管理人员被高薪挖走，之前一直有合作的国企也突然撤资，郑女士的公司没有了足够的周转资金。因为经营状况不佳，银行拒绝继续给郑女士贷款，供应商也对她失去了信心，要求她提前付款，郑女士一下子陷入了困境。

对于郑女士的创业故事，马云是这样评价的：

我觉得造成这个困境的原因，是郑女士以前是个成功的销售，我们一些创业者是一个成功的销售出身，或者是一个技术出身。另外，她犯了一个错误，上来以后就去做财务，她觉得她有销售技能，她管好财务基本就解决了一大半问题。但CEO最重要的任务就是制定战略，制定战略有两个核心的东西，一个是人，一个是财，人是最关键的。

在整个创业过程中团队最重要，有了团队就可能管好钱、规划好产品，而她只抓住了钱，财聚人散，问题就大了。所以CEO的艺术就在于人、财、物三者之间寻求平衡。

另外，要开诚布公地沟通，跟你的团队沟通。我觉得对于郑女士来说，在重建自己团队的时候，要彻底、干净地把所有情况分享给大家，承认自己的错误，同时要跟大家一起来探讨下面怎么做，我觉得该留下的会留下，该走的也就让他走。

解决资金流的问题，除了自己去借钱，还得做好销售。我们都碰到过这样的问题，1995年、1996年，我们做中国黄页的时候，我也发不出工资了，离发工资的时间只有3天，我账上只剩下2000多块钱，而工资要发8000多。那时候很残酷，我们的员工说没关系，我们两个月不拿工资也跟你干下去。但人家说两个月不拿工资可以，你得出去借，用你的诚信。

因此，我觉得一个CEO、一个创业者最重要的也是最大的财富就是你的诚信。如果我今天问雄晓鸽或者吴鹰借1000万元，他们如果有钱，也会借给我，这是基于我们平时之间的了解、信用。如果是他不认识的人，即便就是借1万元，他也觉得不行。所以，一个创业者一定要有一批朋友，这批朋友是你这么多年诚信积累起来的，越积越大，像我账号的财富，就是每天积累下来的诚信。

马云的这段点评，不仅点出了郑女士创业时所犯的错误，也分享了自己的创业经历，坦承了自己曾经发不出工资的窘境，让郑女士一下子就感到自己被理解了。此时，马云在郑女士眼里同样是一个会犯错的创业者，而不是一个高高在上的评委，所以郑女士对马云的点评全都欣然接受了。

马云经常在各个场合中借用自身的经历来论证观点，而且他从不吝于坦承自己的错误。很多人喜欢彰显自己的成就，掩盖自己的错误，但是马云却从来不避讳谈自己的错误，这是一个成功者应有的胸怀，这种坦荡的胸怀让马云的话更有说服力，也更加掷地有声。我们应该从马云身上学习这一点，不管是成功还是失败，都应该坦然地讲出来，这种坦诚的勇气会让我们收获更多信任和尊重。

在生活中，我们总是免不了要指出他人的错误，其中还有可能包括长辈或领导，如果我们没有运用好说话技巧，而是直接地批评对方，那么一定会招致对方的反感。所以，我们应该学学马云，在批评别人之前，先坦承自己，在平等的谈话氛围之下，让对方心平气和地接受我们的意见。

当我们身为领导者时，也应该注意这个问题，要平等地对待对方，提出中肯的建议，而不是用权威压制对方。如果我们用权威压制的话，也许对方表面上会接受批评，但是内心一定是很不服气的。

总之，如果想让对方真心地接受自己的批评和意见，就要坦诚面对自己，真心地与对方沟通，让批评的话语变得更顺耳。

马云说话之道 | 要知道,抱怨什么都无法改变,只能带来新的痛苦,而新的痛苦又会产生新的抱怨,这样的恶性循环会让你丧失改变现状的勇气和意志,只能深陷在不幸的泥潭中。

8.5 永远不要说抱怨的话

人的一生,总会遇到这样那样的麻烦,比如,事业上的挫折、生活上的不顺、自己构想出来的根本不存在的烦恼等。面对这些,我们的处理方式大致可以分为三种:一是四处抱怨,寻求安慰;二是放在心底,默默消化,独自疗伤;三是以一种更豁达的心态,乐观面对。

第一种人可以说就如祥林嫂一般,总是喋喋不休,向别人诉说自己的不顺心,期望得到别人的同情,但往往收获的却是别人怪异的眼神和爱唠叨的名声。

第二种人比较沉默寡言,不爱表达,大部分时候是一个人静静地待着,即使在人群中也没有太多的话,可以说毫无存在感。一般来说,人们不愿意与这样的人来往,因为会觉得太压抑、太沉闷。

第三种人无论做什么、说什么都会传递给人一种积极向上的人生观,可以给人带来快乐和正能量,这样的人,当然可以得到别人的认可。

马云就属于第三种人,他不畏挫折、充满了激情,听马云说话不仅会给我们一种向上的态度和力量,还能收获他的经验和智慧。这就是为什么马云的话总是有很大的影响力。

马云在一次演讲中说:"创业的时候,我的同事可能流过泪,我的朋友可能流过泪,但我没有,因为流泪没有用。如果你在创业第一天就说,我是来享受痛苦的,那么你就会变得很开心。我1992年做销售的时候,我说创业中乐观主义很重要,销售10次,10次为零,出去以后,果然是零,说得真对,要奖励一下自己。

商业不外乎智慧、希望及勇气,这些都是经商的必要技巧。遇到问题时,我习惯用左手温暖右手。要不断告诉自己,没关系,我还是我,我还在学习成长,一切都会好的,至少我还活着。"

这是一段带有正能量的话,不管是身处何种境地的人,听到这样的话都会打起精神来,更加坚定自己的信念。

不管是在生活中还是在工作中,我们都要多说这样的话,这样才能传递出更多的正能量,拥有更多向上的思想,这种力量会吸引别人靠近我们,让我们变得更快乐。

在反观生活中的另外一些人,他们总是把抱怨挂在嘴边:在领导面前抱怨自己不受重视;在朋友面前抱怨自己太倒霉;在家人面前抱怨自己得不到理解;遇到困难时,抱怨没有人帮自己,抱怨别人拖累了自己……当然,当遇到不开心的事情或遇到烦恼的时候,偶尔抱怨也是可以理解的,但倘若将抱怨当成了一种习惯,那么,就会给生活带来负面的影响。

如果我们仔细分析那些爱抱怨人的心理,就会发现这些人之所以爱抱怨,往往都是因为没有考虑到以下两个基本的问题。

◆**你抱怨的事真的有那么严重吗**

别人不小心撞了我们一下,我们要向朋友抱怨;邻居家的狗叫了几声,我们要向家人抱怨;老板没给我们发奖金,我们要向同事抱怨;地铁公交太拥挤,排队等电梯的时间太长,菜场的菜涨价了,这些鸡毛蒜皮的小事我们都要向周围的人抱怨。

虽然，这些小事看起来令人心烦，但是这些事我们每天都会遇到，别人不小心撞了我们一下，可能他是无心的；邻居的狗喜欢乱叫，也许邻居本人比我们更烦恼；老板给其他人发奖金，一定是因为那个人的工作做得更好；地铁公交太挤，电梯等待时间太长，这都是因为人太多，耐心等待就好了；菜涨价了，那也没办法，商贩不可能免费把菜给我们。

只要想清楚了这些，我们就会发现，我们所抱怨的这些问题根本不值一提。比起那些更加不幸的人，我们依旧是幸运的。

有时候，我们会被脆弱的情绪所控制，这种情绪让我们在面对小小的挫折时也会感到无助和愤怒，但一旦抽离出这种脆弱的情绪，我们会发现这些挫折完全是无足轻重的。

因此，我们要提高自己控制情绪的能力，并时刻告诉自己：

"这件事影响不了我。"

"这件事根本不算什么，还不足以让我抱怨。"

"事情还没那么严重，没什么大不了的。"

◆ **抱怨是否能让我过得更好呢**

有些人习惯于抱怨，却从来没有想过，抱怨会为自己带来什么。抱怨老板不公平，老板也不会给我们涨工资。抱怨"富二代"们只会"拼爹"，"富二代"们依旧过着自己的生活，而我们的生活也并没有发生任何改变。抱怨社会制度不合理，也不会有人专门为我们创造一套"合理"的制度。所以，每当想抱怨时，不妨先问问自己：抱怨是否能改变生活，是否会让你变得更好。

要知道，抱怨什么都无法改变，只能带来新的痛苦，而新的痛苦又会产生新的抱怨，这样的恶性循环会让你丧失改变现状的勇气和意志，只能生活在不幸的泥潭中。

爱抱怨的人都没有足够的抗压能力，也不能正确认识自己，所以他们很难获得别人的喜爱。没有人愿意和满腹抱怨的人交流，因为他们总是习惯于把责任推到别人身上，或者为自己找各种各样的借口，却从来不会在自己身上找问题。

还有的人企图用抱怨来引起其他人的关注，但事实上，大家都不希望自己每天生活在负能量中，所以没有人喜欢听别人的抱怨。如果我们想变得更受欢迎，希望自己的生活变得充满阳光，希望得到更多的关注，就应该停止抱怨，在大家面前展现出积极的人生态度。

不要再说："难道我做得还不够好吗？"

你要说："我能做得更好！"

不要太过悲观，也不要把事情想得太糟糕，即使遇到了挫折和委屈，我们也应该从中发现积极的一面。就像下面案例中的董力一样，面对职位调动，他依然能保持积极心态，并取得很好的工作业绩。

董力本来是公司的部门经理，任职期间一直兢兢业业，对工作十分认真负责。但是，去年公司的人事发生了大变动，董力被下放到了另一个部门的主管位置，相当于降了一级。面对这样的职位调动，董力一开始很生气，他整天闷闷不乐，还打电话给朋友们抱怨。

董力的妻子见他这么失落，就对他说："也许，你可以把这次的职位调动看成是一次考验，你可以用这次机会来证明自己经得起任何挫折，不管在什么职位上都能干好工作。"

第二天，公司的总经理找到董力，问他是否接受公司的安排，虽然董力心里很不情愿，但他想到了妻子的话，就对总经理说："我愿意接受公司的安排，我也希望能在新的岗位上再次证明自己。"

总经理听了董力的话，非常高兴，还鼓励他好好干。半年之后，总经理看到董力在新岗位上做得很好，就再次恢复了他的经理职位，还给他涨了工资。

虽然，董力一开始对公司的做法非常不满，但他并没有在老板面前抱怨，而是把这次职位调动当作一次挑战，向老板表达出积极乐观的态度，让老板对他产生了很好的印象,进而更关注他的表现。面对挫折,最好的做法是对自己说:"我会想办法做得更好!"

永远不要对别人抱怨,要知道,在这个社会上,除了我们最亲近的人外,没有人会对我们曾经的遭遇感兴趣。他们与我们交流的目的是为了得到力量,而不是为了得到失落感,如果我们一味地向别人抱怨命运的不公,那么这种负能量就会令他们厌烦,只有正能量的语言才具有更好的说服力。

总之,抱怨只会加深你的痛苦,不会对事情有任何帮助。遇到不顺心的事,或者遭遇挫折时,你应该做的是想办法控制自己的情绪,保持好的心态,并通过自己的努力去改变现状,而不是沉溺在抱怨之中。

马云：成功靠情商 说话靠口才

第9章
傻瓜用嘴讲话，聪明人用脑袋讲话，智者用心讲话

正如马云所说的那样："傻瓜用嘴讲话，聪明人用脑袋讲话，智者用心讲话。"很多时候，怎么说话比说什么话更重要。语言是沟通的桥梁，所谓沟通，不仅要会说话，还要让所说的有意义、能得到对方的回应。而要做到这一点，就必须抓住聊天的关键点，掌握说话的技巧。

说话时，如果能找到与对方的情感共鸣，就能快速赢得对方的好感和信任，打动对方的心，让对方与我们的距离更接近。

马云说话之道

9.1 引发共鸣，方能赢得人心

近年来，韩剧《来自星星的你》《太阳的后裔》等电视剧在中国热播，不仅赢得了好口碑，还获得了极高的收视率。那么，韩剧为什么在中国会这么火爆呢？韩剧究竟有什么魅力，让中国的观众如此追捧呢？其实，从心理学的角度来说，韩剧之所以受到中国观众的喜爱，是因为它的剧情、人物以及某些元素都使中国观众与它产生了情感共鸣。

实际上，与人沟通、说话时也是如此，如果能找到与对方的情感共鸣，就能快速赢得对方的好感和信任，打动对方的心，让对方与我们的距离更接近。古往今来，凡是高情商的人，往往都具备一双慧眼和一颗"七巧玲珑心"，他们总能揣摩并发现与对方情感相通的点，然后走进对方的内心，从而达到沟通的目的。

2013年5月10日，马云在淘宝成立10周年的晚会上卸任了阿里巴巴CEO的职位，并发表了精彩的演讲。在演讲中，马云这样说道：

今天是一个非常特别的日子，当然对我来讲，我期待这一天很多年了。我最近一直在想，在这个会上，跟所有的同事、朋友、网商，所有的合作伙伴，我应该说些什么？大家很奇怪，就像姑娘盼着结婚，新娘子到了结婚这一天，除了会傻笑，真的不知道该干什么。

我们是非常幸运的人，我其实在想10年前的今天，是非典在中国最危险的时候，所有人都没有信心，大家不看好未来，十几个年轻的阿里人一起，我们相信10年以后的中国会更好，10年以后，电子商务会在中国受更多人的关注，很多人会用。

但我真没想到，10年以后，我们变成了今天这个样子。这10年无数的人为此付出了巨大的代价，为了一个理想，为了一个坚持，走了10年。我一直在想，即使把今年阿里巴巴集团99%的东西拿掉，我们还是值得的，今生无悔，更何况我们今天有了那么多的朋友，那么多相信的人，那么多坚持的人。

今天的世界，是一个变化的世界，30年以前，我们谁都没想到今天会这样，谁都没想到中国会成为制造业大国，谁都没想到电脑会普及，谁都没想到互联网在中国会发展得那么好。谁都没有想到，淘宝会起来，谁都没想到雅虎会有今天。这是一个变化的世界，我们谁都没想到，我们今天可以聚在这里，继续畅想未来。

参与阿里巴巴建设的14年，我荣幸我是一个商人，今天人类已经进入了商业社会，但是很遗憾，这个世界商人没有得到他们应该得到的尊重。这个时代已经不是唯利是图的时代，我想我们跟任何一个职业，任何一个艺术家、教育家、政治家一样，我们在尽自己最大的努力，去完善这个社会。14年的从商，让我懂得了人生，让我懂得了什么是艰苦，什么是坚持，什么是责任，什么是别人成功了才是自己的成功。我们最期待的是员工的微笑。

在这段演讲中，马云谈到了自己的梦想，谈到了自己的坚持，以及阿里的社会发展和责任，他的这番话，对于那些始终和他站在一起共同奋斗的阿里人而言，是十分有感触的。并且，在演讲中，马云并没有炫耀自己的成功，而是将成绩归功于了阿里人的坚持、努力和责任。马云的这番简单、质朴又深富感情的话，充分引起了阿里人的共鸣，虽然并没有华丽的辞藻，每一句都显得那么平淡无奇，却说进了台下听众的心眼里。

从马云的说话技巧中我们可以得到这样的启示：越是真情流露，越能产生共鸣，越容易让人靠近。

所以，在交流的过程中，我们要善于发现和对方相通的地方，并利用对方的爱好、境遇和经历等作为交流的切入点，唤起对方的情感共鸣，使对方在情感上更倾向于我们，从而促进我们与对方更好地交流。

那么，我们要如何做才能引起对方的情感共鸣呢？以下几点建议值得参考。

◆谈论彼此曾经历过的事或一起去过的地方

唤起对方情感共鸣的方法之一就是在说话时，多说一些彼此都曾经经历过的事，或是都曾去过的地方，然后和对方一起讨论并发表自己的感受，这样才能通过共同的话题展开交流，并快速地获得对方的认可。

◆多站在对方的角度思考

说话时多站在对方的角度思考，多肯定对方的想法，这样会让对方觉得我们与他是同一战线的，从而在心理上与我们产生共鸣。

◆一定要流露真情实感

要知道，真情实感是情感共鸣的基础。因此，我们在说话时要本着真心实意、互相坦诚的原则，平等地与对方交流，用真挚的情感打动对方的心，这样才能真正在心理上与对方达到情感共鸣。

总而言之，找到彼此的相似之处，打开对方的心门，让对方与我们产生情感共鸣是一个重要的说话技巧。人与人之间交流的关键在于情感的互动，而情感互动的关键在于彼此之间情感的共鸣，因此，情感共鸣才是交流时真正的"撒手锏"。

马云说话之道 | 赞美就犹如清香扑鼻的花朵,让人心旷神怡,赞美不仅能帮助我们获得好人缘,还能在人心灰意冷的时候给人鼓励,让人"绝处逢生"。

9.2 以心换心,赞美的话要说到对方心里去

为什么人们对马云说的话会这么认同甚至是追捧呢?因为马云说的话"接地气",把话说到了人们的心坎里,能够引起听众的共鸣。

话说,有一只黑猫和一只白猫,它们都很擅长捉老鼠,可是主人却只喜欢白猫,不喜欢黑猫,这又是为什么呢?原来,那只白猫每天都把捉了的老鼠放在门口,而那只黑猫却总是把老鼠放在床上。因此,不管是什么颜色的猫,招人喜欢的才是好猫。

同样的道理,说话的艺术也是如此,同样的话用不同的方式表达出来,其效果是完全不一样的。所谓谈心,谈的就是心,我们要想赢得他人的好感和尊重,就必须先敲开对方的心门,把话说到对方的心里去,让对方产生愉悦的感受,最好是能与对方产生情感共鸣,这样我们才能达到说话的效果。

正所谓:"良言一句三冬暖,恶语伤人六月寒。"我们一定要懂得赞美,因为赞美才是打开对方心门的钥匙,但是需要注意的是,我们在赞美他人的时候还要注意把握好度,要发自内心真诚地赞美,否则还不如不说。

马云常说:"永远要相信边上的人比你聪明","在公司内部找到能够超过你自己的人,这就是你发现人才的办法"。

2007年，马云在互联网年会上对淘宝的用户表达了感谢之情。

马云说："淘宝的成长与无数小网站及淘宝的卖家们是分不开的。"

淘宝刚刚起步的时候，eBay（易贝网）通过排他性协议阻止淘宝在门户网站上投放广告，想把淘宝扼杀在摇篮中，而淘宝为了生存，就只能在"互联网的农村"——中小网站投放广告。

马云说："淘宝有今天，不能忘记当年在'井冈山'和'延安'帮助过我们的老乡。是他们给我们的支持，才让我们有了今天。"

在会议上，马云还赞扬了雅虎中国的搜索团队，感谢他们为阿里妈妈做出的巨大贡献。

马云说："我永远忘不了当初雅虎为支持阿里妈妈而专门派往杭州的那些精英团队，可以说，阿里妈妈的后台系统和研发，他们是最早参与其中并起到极大作用的。作为一个面向中小企业的开放透明式网络广告平台，其投放广告的精准匹配程度是核心价值所在，也是广告主最关心的问题，而这个问题的最佳技术解决手段自然是搜索。因此，当初的雅虎支持团队确实是帮了阿里妈妈的大忙。"

从上面马云的这段话中，我们可以看出马云是由衷地感谢雅虎，我们从字里行间也能感受到马云的真诚，这就是马云的语言智慧所在。我们在说话的时候切忌耍小聪明，在如今这个社会，没有人是真正的傻子，如果我们总是在说话的时候玩弄自己的小聪明，那在别人眼里，我们才是真正的"傻子"。因此，我们要想获得别人的认同，就必须学会将心比心。

在现实生活中，这样的例子还有很多。

陈旭是一家家具公司的业务员，有一次，他听朋友说有一家大型的企业刚刚建好了新的办公大楼，于是他决定上班拜访。到了目的地后，他没有见到项目的负责人，为了找到线索、突破销售，陈旭特意与办公大楼的装修工人套近乎，在聊天的过程中，他得知这栋办公大楼的设计者竟然是这家企业的老板——胡总。

后来陈旭又去了几次,终于见到了胡总本人。他假装毫不知情地说:"这几天我来的时候都会顺便参观一下过公司的新办公大楼,不得不说办公楼的设计真是太棒了,很有品位,您真是有本事,居然请到了这个厉害的设计师,我要是能在这个大楼里上班一定特别有自豪感!"

胡总说:"是吗?"然后漫不经心地说:"这栋大楼的所有设计都是我一手完成的,没想到效果这么好!"

后来,胡总就像打开了话匣子一般,滔滔不绝地讲起了自己的经历。他告诉陈旭自己从来没有学过设计,因为自己特别爱好,所有后来慢慢地自学了起来,说着他打开自己的电脑,让陈旭欣赏他的设计图,高兴极了。

三个小时候,陈旭不仅拿到了家具的订单,而且还和胡总成了好朋友。

其实,陈旭之所以能成功地拿到订单,是因为他懂得向对方表达恰到好处的赞美之情。他以"不知情"的态度从新办公大楼的装修设计上赞美,既能展示自己的真诚,又能让对方的自尊心得到满足,因此陈旭才能在瞬间拉近彼此间的距离。

后来,当胡总把陈旭当作朋友的时候,陈旭也就能轻松拿到家具订单了。要知道,每个人都会注意外界对自己的评价,尤其是赞美的语言,这是人的天性。因为赞美的语言可以使人们产生和谐、愉悦的心情,这样就可以使人们继续说服下去。

当说服经过赞美的包装后,会变得更有光彩,更容易说到对方的心里去。恰到好处的赞美不仅能帮助我们达成说服的目的,还能给我们带来一些意外的惊喜和收获。因此,要想做说服的高手,我们首先要学会如何赞美。

那么,我们应该如何向马云学习他的赞美之道,把赞美的话说到对方心里去呢?那么,怎样才能做到真正的赞美呢?

◆**真实而不能虚构**

这是赞美的基本技巧,如果做不到,那么我们说再多赞美的话也起不到作用。不仅不能达到赞美的目的,拉近彼此间的距离,说不定还会引起对方的反感。因此，如果你的"赞美"不真实，那就不要说，否则只会适得其反。我们来看看下面这个故事：

有一次，张俊夸他的同事说："孙斌，你长得真不错，两个眼睛、两只耳朵，其他的也是不多不少正好。"孙斌听到后也如法炮制，夸赞张俊说："你也长得很帅啊，嘴巴长在正中间，没歪！"

◆ **具体而有血有肉**

这是一个非常重要的技巧，换句话说，我们不仅要让对方感受到我们的诚意，还要把对方具体的优点说出来，这样才能唤醒对方的自我认识。如果我们在赞美对方时，所说的话含糊不清或是轻描淡写，那么就会让对方一头雾水，甚至让对方产生误解。

江华是一家快消品公司的业务经理，有一次，他去一个促销点视察，询问促销员陈芳的工作情况，当时其他厂家的促销员刘丽也在。刘丽就问江华："您是品牌经理吧？"江华觉得很奇怪，就问道："你怎么知道的？"刘丽笑着说："因为您长得像经理呀！"这句话没头没脑，导致江华一直在心里犯嘀咕：我长得像经理是什么意思。

◆ **贴切而恰到好处**

这一技巧要求我们夸人的时候要把握好度，要恰如其分地赞美。如果我们赞美别人的时候太夸张，就只会适得其反；如果我们赞美别人的时候说得不到位，那么对方可能会没感觉。

◆ **趁热打铁**

当我们要赞美别人的时候，一定要及时赞美，否则说晚了，也就达不到我们想要的效果了。

◆ **创新但角度独特**

如果我们想要获得很好的效果，那么我们就应该用其他的角度去赞美，说一些别人没有说过的话，这样对方才会觉得我们的赞美很动听。

下面案例中的陈林就深谙此道。

第9章 傻瓜用嘴讲话，聪明人用脑袋讲话，智者用心讲话

陈林有一位学长叫张轩，是学校的"情歌王子"，不管学校有什么活动，都会有张轩的影子。有一次在学校的迎新春晚会上，张轩唱了一首自己谱写的新歌，博得台下掌声连连。回到观众席后，大家纷纷赞美张轩的歌唱得好听。

陈林很崇拜学长张轩，于是趁着这次表演，他对学长张轩说："学长，你唱歌的声音很有磁性，舞也跳得很棒，刚刚在舞台上，你边跳边唱的样子真是太帅了！"

一直以来，张轩都只听过别人赞美他的歌喉，今天头一次听到有人称赞自己的舞姿，心里很是开心，但又不好表现得太明显，于是谦虚地说："我不太会跳舞，唱歌还过得去。"

陈林听到后，说："学长，你唱歌那是没得说，但今天的舞确实也跳得很不错，你什么时候有空了也教教我吧，我特别想学。"

张轩此时的心情很愉悦，于是答应道："这没问题！"

瞧，陈林一开始就没有称赞张轩的唱歌，而是从另外的一个角度出发，夸赞张轩的舞跳得好，这样一下子就引起了张轩的注意，让他心情很愉悦，最后爽快地答应了自己的请求。

莎士比亚曾经说过："我们得到的赞扬就是我们的工薪。"而马克·吐温却说："仅靠一句赞扬我就能很好地活两个月。"

赞美犹如清香扑鼻的花朵，让人心旷神怡。赞美不仅能帮助我们获得好人缘，还能在人心灰意冷的时候给予鼓励，让人重新振作起来。

那么我们说话的目的又是为了什么？当然是为了沟通，而赞美就是沟通的桥梁，适度的赞美能帮助我们达到说话目的。但是我们在赞美的时候，切记不要太过，以免变成了阿谀奉承。阿谀奉承只会给人一种虚假的感觉，是不利于我们沟通问题的。所以，我们要学习马云的真诚，以心换心，把赞美的话说到对方的心里去，这才是说话的智慧。

具备敏锐的洞察力，用最简单平实的语言直指核心内容，向听众传递内心情感，激发听众的热情。以情打动人，说出的话才能受到听众的认可与欢迎。

马云说话之道

9.3 抓住听众心理，才能赢得对方的心

参加演讲时，我们时常看到这些情形：有的演讲者在台上妙语连珠、激情四射，可台下的听众却窃窃私语；有的演讲者在台上声情并茂、娓娓道来，却收获掌声一片。为什么有着如此明显的反差呢？为什么没有达到预期的效果呢？

很简单，这类演讲者之所以没有带动听者的参与性，就在于他们没有抓住听者心理，没有将演讲内容的生命力展现出来，自然无法与听众产生情感上的共鸣。所以，演讲者要想让自己的演讲吸引听众的注意力，除了注重演讲的技巧外，也要注意在演讲时抓住听众的心理，把听众一步步带入演讲的氛围中，这样才能赢得肯定，收获好评。

在这方面，马云就做得很好，下面我们来看看马云在演讲时是如何表现的。

"非典"的时候，我们公司被隔离了，600多名员工全部关在家里。因为有一位同事去广东出差回来之后发烧了，被诊为疑似非典。那个时候真的觉得公司要垮下来了。600多名员工，每个人都被社区管着，所有人的饭菜都是从窗口用篮子吊上来的。该怎么办呢？我觉得一个公司必须要迎接这样的挑战，互联网公司可能是世界上最有机会在面对灾难时在家办公的公司。那时候突然就诞生了强大的企业文化,我们不愿意失败,我们不愿意放弃。

在这样的灾难里,网络是可以发挥作用的。阿里巴巴的全体员工被隔离了8天,但全世界的客户没有一个知道阿里巴巴被隔离了。那时候我们已经有近千万的客户。我们所有人把电脑、网线搬到家里工作,客户打电话给公司的时候,都自动转到员工家里。电话铃一响,拿起来就是:"你好,阿里巴巴!"(全场笑)员工的家属们,甚至家里的老人,拿起电话也先说:"你好,阿里巴巴!"(全场大笑)在8天里,我们没有停止过一分钟的服务。

——选自2003年马云谈阿里巴巴应对"非典"危机时的讲话

大家都知道,马云是一个十分幽默的人,哪怕是一场应对危机的演讲,他也没有用一些华而不实的辞藻,而是在平实的叙述中加入了一丝幽默,将听众从恐慌的情绪中带入轻松愉悦的氛围中,瞬间就让听众有了一种感同身受的心理,让演讲内容变得活灵活现起来。

从字面上看起来,马云并没有采用任何文字来博取同情,只是简单明了地说明当时的情景,但恰恰就是这种平淡的语言,向听众传递了阿里集团上下一心、永不言弃、坚守服务一线的决心与勇气。

想要带动听众的积极参与性,演讲的内容就一定要极富感染力。除此之外,还要像马云那样,具备敏锐的洞察力,用最简单平实的语言直指核心内容,向听众传递内心情感,激发听众的热情。如此一来,演讲才会变成一场富有活力与生命力的激情演讲,才能以情打动人,受到听众的认可与欢迎。

抓住听众心理,才能赢得对方的心。那么,我们要如何做才能抓住听众的心呢?

◆强调重点,有的放矢

在与人交谈时,加强重要语句的表达,不重要的则可以一语带过。

◆**改变声调,高低交错**

可以采用抑扬顿挫、声情并茂的方式,可以让听众内心愉悦。

◆**将"我"变成"我们"**

"我"与"我们"看上去只有一字之差,但给人的感受却完全不同。如果演讲者在整场演讲中一直将"我要……如何""我要……怎样""我接下来……"之类的话挂在嘴边,无疑会给听众营造一种拒人于千里之外的感觉。这种情况下,听众感受不到演讲者的诚意,内心自然也会怀有戒备之心。

而马云的演讲则不同了,他在听众面前一直都是反复强调着"我们",将自己与听众融为一体,在这种情感催动下,即使听众再怎么无动于衷,最终也会情不自禁地被带入演讲中。

◆**调节说话的速度**

每个人的表达方式不同,说话时的语速也会有所差异。慢条斯理会给人一种毫不在意的感觉,而妙语连珠则给人一种压抑与紧迫感。所以,为了迎合不同的听众,我们在与人交谈时就要适时调节语速,清晰地阐述自己的观点与意见,这样才能让听众内心愉悦。

◆**在要点前后要停顿一下**

一般来说,在与人交谈时我们都希望给对方传递自己的观点,并希望给听众留下一个深刻的印象。这种情况下,我们在讲到话题的中心思想时,不妨在要点前后略微停顿一下,如此对方的注意力就会被吸引而来。此时,我们再说重点就能很好地抓住听众的心理。

马云说话之道 │ 马云的语言智慧就在于他始终坚持自己的初心和原则，唯一变化的就是他的说话方式和技巧。

9.4 有些话，怎么说比说什么更重要

不管是在生活中还是在工作中，许多人都有这样的通病：好为人师。他们总觉得自己的观点才是正确的，别人的观点都是错误的，因此总是不分场合、不分时间随意发表自己的意见，如果有人提出了与他们不同的观点，他们就会认为是对方愚蠢。还到处炫耀自己比别人聪明，其实，在旁人眼中，他们才是那个愚蠢、不成熟的人。

马云经常在公开场合表达自己的观点，被誉为"创业者的导师"，可为什么马云说的话就不会引起别人的反感，能得到别人的认同呢？其实原因有三点。

第一，马云从来不说空话，这是最重要的原因。马云在创业之初也曾经被误认为是吹牛，可后来马云用实际行动兑现了自己当初的诺言，让所有怀疑他的人都闭上了嘴。

第二，马云不管是在演讲中还是在普通谈话中，从来不会标榜自己聪明，更不会炫耀自己的成功。面对问题时，也只说自己懂的内容，对于不懂的问题从来不会不懂装懂、信口开河。

第三，马云在讲话的时候，不是单纯地表达自己的观点，而是会在表达

的过程中融入自己的故事或是亲身经历，因为他认为有些话，怎么说比说什么更重要，这也是马云智慧的体现。

马云在做客《对话》节目时，有观众提出了这样一个问题："在本地生活变成一个新的电子商务浪潮的过程中，您希望要有小而美的企业出来，我们也希望成为其中一个也许小而美或者中而美的企业，您能否提个建议，就是千万别干什么？"

其实，以马云的身份和地位，他完全可以用师者的身份回答这个问题，但是，马云却并没有以一种高高在上的姿态来回答，而是用自己的亲身经历来表达观点。从马云的回答中，我们看到的不仅仅是他的低调，更能看到他说话方式的严谨和智慧。

马云是这样回答的："这是一个应该慎重对待的问题，你刚才讲这个事的时候，我在回忆2003年、2004年、2005年在做互联网的时候，那时候我其实就记住一样东西，就是帮我的客户赚钱。……你全心全意帮他们成功，只要这个时间越长，你越有机会。千万不要不要去证明你的模式是对的。因为你今天对的模式三年以后可能是错的。你只证明一点，我想帮我的客户成长，这一定是对的，这是我觉得要做的。"

当我们面对不懂的问题时，不发言好过乱发言，因为不懂装懂才是真丢人。马云作为互联网的"大咖"他在演讲和说话的时候从来不说自己经历以外的事情。

要知道，别人需要的是我们的建议，而不是我们的炫耀，尤其是在自己不懂的领域指手画脚是最招人厌恶的。在面对自己熟悉的领域时，我们也要学会谨言慎行，切记有些话怎么说比说什么更重要，那些因为说话不过脑子而得罪人的例子数不胜数，哪怕我们表达的观点是正确的，也会因为说话方式的不正确而令人厌恶。

现实生活中每个人的思维都有自己的局限性，即使是处在如今地位的马云也不例外。一直以来马云都对自己有一个清晰的定位,他对说话的度有一个精确的掌控,知道自己在什么场合、什么时间、面对什么人时该说什么、不该说什么。

许多人都认为会说话就是"见人说人话,见鬼说鬼话",其实不然,马云的语言智慧就在于他始终坚持自己的初心和原则,唯一变化的就是他的说话方式和技巧。

> 我们在说服别人是一定要摆事实、讲道理、分析利弊，慢慢引导对方认同我们的观点，而不是强势命令对方。

马云说话之道

9.5 要善于引导，而不是强势命令

在生活中，有些人说话的态度十分强势，总是用毋庸置疑的态度命令别人，或者对别人讲大道理，强迫对方按自己的要求去做。但是，这样的做法是不对的，坚定的语气能增加说服力，但是强势过头就会让人反感了。

所以，我们在说服别人时要转换思维，不应该用强势的态度压制别人，而是要用巧妙的说话方式来引导。我们可以把自己的想法和期望告诉对方，为对方分析利弊，告诉对方这样做的好处。相信对方一定可以顺利地被我们说服，真心地接受我们的意见。

强势的命令是最不可取的说服方式，哪怕说服的对象是我们的下属或晚辈。因为这种方式令人反感，会激起对方强烈的逆反心理，不仅达不到说服的效果，也会让对方心生怨怼，为双方的关系埋下隐患，甚至影响以后的生活和工作。

所以，我们在说服别人是一定要摆事实、讲道理、分析利弊，慢慢引导对方认同我们的观点，而不是强势命令对方。

下面我们就看看马云是怎么做的。

第9章 傻瓜用嘴讲话，聪明人用脑袋讲话，智者用心讲话

我有一个想法和要求，希望在座的每个人，不管你以前是干什么的，我们都正视互联网、欣赏互联网。这个东西真奇怪，我们以前怎样也搞不过它，越来越搞不过它，我们还很弱小，我们到现在为止没有超过100亿美元市值的公司，你说能成为世界级的顶尖公司吗？人家都搞到1700亿了。但是不等于不存在互联网的精神。

我为什么去做阿里妈妈？因为互联网的文化是一个生态链，互联网绝对不可能成为几个超级大网站独霸的天下。海洋里面不可能只有几条鲸鱼、鲨鱼，而没有大量的虾米。没有小的东西，鲨鱼、鲸鱼都会死掉的。阿里巴巴必须要有生态链，我们必须为将来自己生存的环境而发展。

无数的中小网站、博客、论坛，这些不活下来的话，我们的鲨鱼会死掉的。为这些环境做事情的时候，你这个企业会做得更强大。阿里巴巴要感谢中小型网站，如果没有中小型网站，那么，当新浪、网易门户封杀的时候，淘宝就没了，至于赚不赚钱，我们forget it（不必在意）。

今天阿里巴巴有这个能力做一些围绕着战略做的事情，战略永远是重要而非紧急的事情，但生态环境是很重要也很紧急的事情。

马云的第一句话其实带着命令的口吻，但是这种语气却并不强硬，最重要的是他接下来说出了自己的具体要求，并告诉大家为什么要这样做。马云说明了道理，所以大家都明白了他的意图和目的，也就愿意按照他的话去做。在这里，马云采取的是命令加引导的说服方法，而不是强硬地命令。

每个人多少有些自负的心理，内心不愿意被人命令。谁都不喜欢听粗暴的命令，也会因此而产生强烈的抵触情绪。我们在说服别人时，要做的不是压制对方，而是应该利用巧妙的说话方式引导对方，不让抵触情绪产生。

那么，在讲道理或说服他人的时候，我们究竟应该如何去引导呢？

从本质上来说，引导别人的过程，其实就是一个"晓之以理、动之以情、衡之以利"的过程。在讲道理或说服别人的时候，只要我们能做到这三点，那

么,相信不管遇到多么棘手和难缠的人或事,我们都可以迎刃而解。

◆晓之以理

晓之以理,就是要跟对方讲道理。我们在说服别人时,可以先举几个简单的例子,再分析例子,最后阐述道理,这样做就可以很快把事情讲清楚。

如果是比较复杂的事情,涉及很多方面,有可能牵一发而动全身时,我们就必须全方位、多角度地进行分析,用严密的逻辑推理和全方位的心理攻势,把对方说服。

不过,需要注意的是,推理得出的结论,不应该由我们单方面来告知,最好以征求意见的方式引导对方一起分析和推理,并由双方共同得出结论。这样对方就会把我们提出的主张和建议当成自己的想法。如此一来,无须多费唇舌,对方就会自然而然地被我们说服。

我们在运用晓之以理的说话技巧时,要做到主动出击、先发制人。如果对方已经明确拒绝,我们再用"晓之以理"的方法去说服他,就会遇到很大的阻力。当然,我们也要注意不要盛气凌人、态度蛮横,而应该委婉地用商量、询问等方式去说服。否则,非但不能说服对方,还有可能会让对方产生逆反心理。

◆动之以情

有时候光有"晓之以理"是不够的,还要结合"动之以情",才能成功地说服对方。因为,在很多情况下,说服别人其实是用情感打动别人。所以我们要善用"动之以情"的说话技巧,用真情打动对方,达到我们的说服目的。

尤其是在两个人意见相左、产生矛盾时,以情动人就显得更为重要。因为当我们与对方产生情绪上的对立时,我们的理智就会被情感所蒙蔽,此时,靠讲道理是无法说服对方的。因为一旦情感占了上风,就会不理智地考虑问题,再严密的推理、再完整的逻辑,也无济于事。此时,我们最应该做的就是"动之以情",用情感来触动对方,让对方接纳我们、理解我们,从而被我们说服。

下面这个案例就很好地说明了这一点。

吴厂长的制衣工厂因为经营问题导致资金链断裂，发不出工人工资，于是工人们集体罢工抗议。吴厂长为了挽救工厂，费尽千辛万苦拉来了一笔大订单，如果做成这笔订单，工厂就能起死回生，工人们的工资也能全部发放。可是工人们却表示，什么时候发工资就什么时候复工。

僵持不下时，吴厂长把所有工人都召集了起来，真诚地给大家道了歉，并说道："厂里遇到了困难，大家依然不离不弃，我非常感谢大家。现在工厂没有钱给大家发工资，是我对不起大家。我们都在工厂干了十几年，对它很有感情，都不希望工厂破产。目前只有这笔订单能够挽救我们厂，做成了它，工厂就能活过来，大家的工资也就有了着落。我希望我们大家能共同努力，保住工厂！"

工人们听了吴厂长的一番话，都很感动，决定第二天就复工。后来，在大家的齐心协力下，工人们圆满地完成了订单任务，工厂因此渡过了难关，工人们也拿到了工资。

在这个案例中，吴厂长动之以情地说服了集体罢工的工人们，唤起了他们对工作多年的工厂的感情，让他们自愿复工，帮助工厂渡过难关。由此我们可以看出，情感是双方沟通的桥梁，想要说服对方，就必须跨越这道桥梁，用情感攻破对方的心理壁垒。所以，我们在说服别人时，一定要学会"以情动人"，用情感引起共鸣，达到说服对方的目的。

◆ **衡之以利**

"衡之以利"就是为对方分析利弊、说明利害。对于以利益为重的人来说，"晓之以理"很难说服他们，"动之以情"也难以打动他们，我们只有向他们讲明利弊得失，才能有效地达到说服他们的目的。因为，以利益为重的人都懂得"趋利避害"，只有弄明白了利害关系，他们才会接受我们的说服。

不过，并不是每个人都是"利"字当头的。还有一些人是重情义的，他们并不过分地追求利益，但是我们也应当主动地为他们的利益考虑。而且，当我们考虑了对方的利益，明白了对方的需求后，在说服对方时才可以真正做到有的放矢。

总之，我们在说服别人时，一定要学会引导，灵活运用"晓之以理、动之以情、衡之以利"三大技巧，而不是强势命令。

第10章
魔鬼口才训练法:告别笨嘴拙舌,成为说话高手

只有大胆地去想、大胆地去说,才能循序渐进锻炼自己的口才。千里之行,始于足下。没有谁天生就是说话高手,要想拥有能言善辩、妙语连珠的说话水平,就需要在平时的工作、生活中多学习、积累一些说话的方法和技巧,不断提高自己驾驭语言的能力。

没有谁敢保证自己所说的话是完全正确的，更没有敢说自己一生都不会犯错，但只要我们能勇敢地说出来，在不断积累中增强自信心、提高自己驾驭话题的能力。

马云说话之道

10.1 说得越多，对的可能性才越大

马云曾经对创业者说过，语言是用来交流的，不要害怕说错话，更不要担心会丢脸，不管在什么情况下都不要轻易放弃，放弃才是最大的失败。临阵磨枪总比不磨的强，我们要正确看待自己的缺点，用欣赏的眼光看待自己。

常言道"言多必失"，职场中的前辈们总是告诉我们要"少说多干"，但是马云的观点却恰恰相反，他认为：说得越多，对的可能性才越大。许多人认为自己没有语言天赋，所以口才不好，其实是因为他们没有勇气去表达，甚至是没有表达的欲望。

这一类人最突出的表现就是，不管遇到什么事都不敢发表自己的观点，总是畏畏缩缩。从表面上来看是因为他们爱面子，怕说错话，实际上是因为他们自卑。而拥有好的口才的前提是，克服自卑这个心理障碍，这样才能勇敢地表达自己的想法。

没有谁敢保证自己所说的话是完全正确的，更没有敢说自己一生都不会犯错，但只要我们能勇敢地说出来，在不断积累中增强自信心、提高自己驾驭话题的能力。

那究竟是什么导致了"言多必失"呢？其实主要的原因不在于"言多"，而在于"慎言"，只是在实际生活中"言多"增加了我们的"不慎言"。

如果我们"不慎"说错了话，那么就算后来说再多的话也于事无补。要知道，"言多必失"不是说让我们不说话，而是在告诉我们说话的时候要慎重发言，不要口不择言，逞一时之快，否则就很容易造成祸从口出的局面。

"言多必失"这句话让许多人失去了表达的勇气，但是他们忘记了，其实还有一句话叫"有失才有得"，害怕失去的人往往会陷入一种怪圈，导致他们永远无法真正地得到。

马云在清华演讲时，曾说过这样一段话："人生最后不管今天多么成功，就像刚才学会计的学生说的，你最后死的时候才能够看看你到底赢了还是亏了，所以我觉得我们刚刚开始起步。我也相信今天毕业以后在座很多人都很担心，各种各样的担心，担心毕业以后我是学经管的，能当老板吗？我能找到一个好老板吗？能够找到好公司吗……但有一点不用担心，你们一定会遇到眼泪、冤枉、误区、倒霉各种事件，一定会碰上，这个不用担心，你碰到这个就是早知道会来的。"

一直以来，马云都鼓励年轻人要大胆说话，他自己也是一个敢想敢说的人，对于自己的想法从来不掩饰，一旦有想法就会大胆地说出来，马云有时说的话也有不合理的地方，他也常常为此道歉。但是，马云所说过得绝大多数话都是正确的。实际上，我们之所害怕自己说错话，往往是因为自己不够自信，如果我们能像马云一样充满自信，敢想敢说，那么对的时候肯定比错的时候要多。

在2002年金融风暴时，马云说："我那时候坚信一点，我困难，有人比我更困难；我难过，对手比我更难过，谁能熬得住谁就赢。放弃是最大的失败，假如你关掉你的工厂，关掉你的企业，你永远没有再回来的机会。"

虽然我们所说的每一句话不一定都是对的，但如果一直不开口，那么也就没有说对的机会。我们只有大胆地去想、大胆地去说，才能循序渐进锻炼自己的口才,随着经验的积累,我们说错的次数只会越来越少。

马云说:"当你成功的时候,你说的所有话都是真理。"这些经典语录,是那些成功人士经历无数坎坷和错误才总结出来的。

马云说话之道 | 不管是在生活中还是在工作中,我们会遇到各种各样的言论,要想活出真我就必须保持平常心,这样才能不受其他言论所影响。

10.2 口才好的人,都是没有被"唾沫星子"淹死的人

马云说话有他自己的个性,只要他认定了一个想法,就绝对不会受到他人言论的影响。这一点在他管理阿里巴巴时就体现出来了,当时,许多人都不赞同他创办互联网公司,但是马云坚持自己的想法,并说服了身边的人与他一起创业。

在创业初期,马云的想法受到了外界的质疑、媒体的抨击,就算如此,他依然坚持自己的观点,完全没有受到任何言论的影响。最终,马云不仅实现了自己的理想,还影响了世界上一大批人。

新加坡在 1999 年的时候,召开了亚洲最大的电子商务大会,但其实现场的亚洲人非常少,参加会议的大多数人是欧美国家的企业,参加会议的人员反映了当时亚洲电子商务的发展水平。

在大会上,成员们谈论的都是欧洲电子商务,说得最多的也是 eBay 和亚马逊。

此时在台下的马云陷入了沉思,轮到马云发言时,他用流利的英文说道:"亚洲电子商务进入了一个误区,亚洲是亚洲,美国是美国,现在的电子商务

全是美国模式，亚洲应该有自己独特的模式。"

有记者顺势提问道："那您认为亚洲的电子商务应该是怎样的模式？"

马云回答说："这是我将来回国要做的事情，现在我也不知道。"

在这次亚洲电子商务大会上，只有马云发出了不同的声音，把自己的想法说了出来，并用机智化解了记者尖锐的问题。从这一点上，我们不难发现一个问题：那些成功人士之所以能获得成功，是因为他们都有自己独特的观点，而且善于表达自己的观点，并持之以恒。

而大多数人则更喜欢"随大流"或"人云亦云"，他们不是没有自己的想法，而是没有勇气说出来，更害怕别人的"闲言碎语"，长此以往，也就形成了习惯。

如果我们想提升自己的口才，拥有说服他人的能力，就必须要改变这样的习惯，只要有想法就要大胆地说出来，千万不要被别人的言论左右了自己的想法。遇到问题的时候，要多思考，不要"人云亦云"，只有这样才能不断地增强自信心。

有句话是这样说的，"口才好的人，都是没有被唾沫星子淹死的人"，而黄渤正是这样的人。

在娱乐圈，黄渤除了演技出色外，还有一样也很出色，那就是他的口才。他总能机智应对记者的刁难，而且不被别人的言论所左右。

有一次，在一个颁奖典礼上，颁奖人对黄渤说："马云说过一句名言，我以为是说给他自己的，后来我发现那句名言同样适合黄渤，你知道那句名言是什么吗？"

黄渤回答说："我还真不知道。"

颁奖人接着说："马云说，男人的长相和他的才华往往成反比，我不知道黄渤你怎么看这句话？"

黄渤回答道："我相信这句话也一直激励着您。"

不管是在生活中还是在工作中，我们会遇到各种各样的言论，要想活出真我就必须保持平常心，这样才能不受其他言论所影响。

就像马云所说的，面对质疑，我们要保持心平气和，学会思考，有错就改，无错加勉；面对质疑，我们要学会用积极、平等、谦逊的态度去包容不同的声音，这里不是让我们放弃自己的观点，而是让我们在揭示事实的真相后，坚持表达自己真正的心声。

为什么马云的话总能让我们产生共鸣？这是因为马云在面对问题时有自己独到的见解，并坚持自己的想法。如果马云也是一个"人云亦云"的人，那么就不会有今天的阿里巴巴。

这个世界上没有完全相同的两片树叶，同样我们所说的话也没有绝对的对和错，只要我们在说话的时候多思考，在面对问题时勇敢表达自己的想法，多发表一些新的见解，就会赢得别人的尊重和认同。

想提升自己的说话水平,最好的方式就是研究马云的讲话技巧,突出自己的特点,并对这些特点加以分辨,好的保留,不好的舍弃,形成优势互补。

马云说话之道

10.3 走自己的表达之路,才是最好的路

在本节开始之前,先来看一段马云与主持人查理·罗斯的一段对话:

查理·罗斯:"你真的认为'80后''90后'的年轻人会在危机中重拾他们的价值观?"

马云:"我举个例子,我爷爷在责备我爸爸的时候会这么说,而我爸爸在责备我的时候也会说我爷爷说过的话。但是我爸爸就比我爷爷做得好,而我会比我爸爸做得好,我相信我的孩子将来会比我做得好。这就是这个问题的原因所在。"

——节选自马云在美国参加查理·罗斯主持的访谈节目内容

我们都知道世上没有两片一模一样的树叶,也没有完全相同的两个人,即便是双胞胎,在某些方面也会有着细微的差异。但不管怎样,每个人既然来到了这个世上,必然有其独一无二的价值,而我们要做的就是在有限的生命里,将自己的价值发挥到最大化。

该如何做才能将自身价值发挥到最大化呢?毋庸置疑,自然是依靠口才的力量了。唯有好口才,才能帮助我们向身边人、向外界传递和表达自己的所思所想，从而让我们在为人处事与人沟通交流的过程中更加顺畅和谐。

不可否认，一个人的口才能力与其成长环境有着莫大的关联，若父母都是八面玲珑之人，那孩子在耳濡目染下，自然也是能说会道。抛却这些外在因素，一个人的口才能力如何，起主导作用的还是源自一个人的内心。

一个人只有内心强大，才能无坚不摧、勇敢自信，才能说话有底气、做事有魄力，能够依靠自己的三寸不烂之舌去说服他人。反之，一个内心怯懦的人，不敢于表达自我想法的人，做起事情来畏首畏尾，既不敢说也不敢做，又该如何去与人交往、如何去说服他人呢？

走自己的表达之路，才是最好的路。说到口才就不得不说到马云，马云的口才可不是一般人能够比拟的，他不仅说话、做事与众不同，且在表达自己的观点与建议时，总能以恰到好处的方式展现于人前，这也就造就了马云独一无二的口才能力。

正因为马云拥有一副好口才，所以很多人在私底下纷纷效仿他的演讲风格，但这其实是学表不学里。要想拥有一副好口才，我们真正需要学习的应该是马云在说话方面的技巧，而不是风格。

技巧是可以学习的，但风格却是自己独创的，说话也好、做事也罢，每个人都要形成自己独一无二的风格，唯有这样才能做一个自信满满的人。反观马云，他的话之所以让人记忆犹新，就在于他形成了自己诙谐幽默的语言风格，他不管在什么场合下说话，总能给人一种耳目一新的感觉，从而获得他人的信服。

下面，我们再来看看马云在美国面对主持人查理·罗斯，关于"年轻人要重拾价值观"这个话题时是如何回应的。

查理·罗斯："你曾经说过阿里巴巴如果不能成为像微软、沃尔玛这样的公司，你将遗憾终身。我们应该怎样去理解这句话？"

马云："是的，并且我认为我们要超越微软和沃尔玛，因为我们的使命是比上一代人做得更好。沃尔玛创造了一个出色的业务模式，促使 B2C 模式的产生。但是淘宝和阿里巴巴创建了 C2B 模式，为了满足消费者，所有企业改变了其经营模式。所以我认为 21 世纪会为年轻人带来改变世界的机会。我们的前辈已经在教育上投入了巨大的人力和物力，现在是出成绩的时候了。"

近些年来，随着阿里巴巴的声势不断壮大，马云的成功模式已经成为很多人竞相效仿的对象。对于国内外宣称可以提供和阿里一样的服务、取代阿里的言论，马云借用了齐白石的"学我者生，似我者死"这句名言，来告诫这些想要取代阿里巴巴的后来者，对此他解释道：

交易平台最关键的就是人气、订单，阿里巴巴积累了数百万的用户，建立了全球范围的采购体系，后来者打出相同的牌子既不理智，也不现实。就是我自己出来，也没法再办出一家新的阿里巴巴来了！好好研究一下成功企业的经营理念，寻找市场还缺少什么，和现有的大企业形成互补，走出自己的一条路子。

的确，只有走出自己的一条路子，才是最好的、最适合自己的路。哪怕是日常对话，若想提升自己的口才能力，变成一个说话的高手，不妨将马云的说话技巧与自身优势加以糅合，形成自己独特的语言风格，而不是盲目地去模仿马云的口吻。否则，就会是东施效颦的笑话了。

人的一生会遇到很多比自己优秀的人，假设我们今天遇到了一个像马云那样的说话高手就去模仿，明天遇到另一个又去模仿，那这样一番折腾下来，我们还有自我吗？一个只会盲目随大流的人，恐怕走到哪里，也不会给人留下深刻的印象。

一个人不管说什么做什么，都要抓住事情的重点，唯有如此，才能找到最好的、最适合自己的路，才能避免走弯路、走错路。我们若想提升自己的说话水平，最好的方式就是研究马云的讲话技巧，突出自己的特点，并对这些特点加以分辨，分辨出哪些是对自己真正有用的，好的保留，不好的舍弃，形成优势互补。这样，我们在说话的这条路上，才能越走越精彩，最终成为说话的高手。

马云说话之道 | 掌握谈话的主动权,让对方跟着我们的思路走,能够帮助我们更好地达到说服的目的。

10.4 让对方跟着你的思路走

在生活中,你是否也有过这样的感受:当自己在和他人说话沟通时,思路常常会不自觉被对方带着走,当我们反应过来的时候,话语的主动权已经被对方掌控。

我们常常会羡慕口才好的人,他们总是能把握说话的主动权。其实这些人并没有多么厉害的手段,他们只是在说话时一直遵循这样一个原则,那就是一定要让自己的思路主导谈话的整个过程,只有这样才能把握说话时的主动权。

掌握谈话的主动权,让对方跟着我们的思路走,能够帮助我们更好地达到说服的目的。下面这个案例就很好地说明了这一点。

相信很多人都对动画片《聪明的一休哥》不会陌生。一次,大将军足利义满将一只龙目茶碗暂时寄放在安国寺,这只茶碗是他最喜欢的茶碗,但是一休却不小心将把它打碎了。而正在大家不知如何是好时,足利义满派人来取龙目茶碗。

安国寺所有的人都很紧张,不知道要拿什么去还给足利义满将军。

此时,一休对大家说:"不必担心,我去见大将军,让我来应付他吧!"

一休见到将军后对他说:"有生命的东西到最后一定会死,对不对?"

足利义满回答:"是。"

一休又说:"世界上一切有形的东西,最后都会破碎消失,是不是?"

足利义满回答:"是。"

一休接着说:"这种破碎消失,谁也无法阻止是不是?"

足利义满还是回答:"是。"

一休听到足利义满的回答后便露出可怜的神情并说:"义满大人,您最心爱的龙目茶碗破碎了,我们无法阻止,请您原谅。"足利义满已经连着回答了几个"是",所以他也知道此事不宜再严加追究了,一休和尚和外鉴法师便这样安然地渡过了这一难关。

从这个案例中我们可以看出,一休在谈话的过程中,就很好地掌握了主动权,并且有效地运用了"变焦公式",先是聚焦在"有生命的东西",然后再聚焦"有形的东西",最后再次聚焦到"破碎消失",通过层层引导,让对方跟着他的思路走,并最终达到了说服的目的。

在生活中,马云也是一个掌控话题主动权、让对方跟着自己思路走的说话高手。马云曾在许多公开场合说过自己并不聪明,但他有个原则,那就是自己不聪明可以,但谈话必须占主导地位。

马云曾接受过央视著名主持人杨澜的采访,在采访中,他和杨澜进行了下面这段对话。

杨澜:"人们一直说,马云是不是因为出生的家庭,或者他幼年的成长环境使他具有了某种经商的天赋?"

马云:"我不觉得我有什么经商的天赋,我只是喜欢看些金庸小说。"

杨澜:"那很容易成为一个文学青年。在金庸的所有武侠人物当中,你最欣赏的是谁?"

马云:"我欣赏好多人。其中归结出来就是,每个人要想成功,必须是历经千辛万苦，没有一个人的成功是随意的，你要练成绝世武功，就一定要历经千辛万苦。所以我比较欣赏令狐冲，倒霉受苦一路打来；我也欣赏风清扬，出手无招，事实上他自己不一定出来，他培养自己的徒弟打出天下。我欣赏小说里面的简单，像《侠客行》里面的石破天，特别简单，傻傻的，就像阿甘一样。其实简单往往是最真实、最好的东西。所以，你如果把这些东西结合在一起，你自然而然做人、生活，也就这么回事。"

杨澜："有人也说马云非常聪明。"

马云："我觉得我真的不聪明。从小读书、各种小孩玩的技巧，我都不在行。别人把你当英雄，你可千万别把自己当英雄，不然可能麻烦就大了。英雄是别人说的，名气是别人给的，对吧？"

作为中国主持界的"名嘴"，杨澜向来以敏捷的思路和犀利的口才而闻名，通常杨澜提出的问题都是相当犀利的。在上面的这段访问中，杨澜反问马云是不是他出生的家庭，以及他幼年的成长环境使他具有了经商的天赋。而面对杨澜犀利的提问，马云并没有做出特别的回答，只是简单地否认后，便将话题转移到了金庸小说上，将整个访谈的思路带向自己这里，又一次把握了主动权。

杨澜也如马云所想，顺着他的思路进行了发问，问马云最欣赏金庸的所有武侠人物当中的哪个人。对于这样的问题，马云当然是驾轻就熟的，于是说起了自己欣赏的人，就这样轻松地避开了杨澜犀利的问题。

接下来在与杨澜的谈话过程中，马云同样是如此。在杨澜说到"有人也说马云非常聪明"时，马云依然掌控着谈话的思路，依据自己的思路说"别人把你当英雄，你可千万别把自己当英雄，不然可能麻烦就大了。英雄是别人说的，名气是别人给的"，并轻松结束杨澜的访谈。

可见，我们在说话时，一定要依据自己的思路去说，才能把握说话的主动权，引导他人顺着自己的思路说，从而改变他人的想法。但是，想要让他人顺着我们走并不是一件简单的事情。所以，就需要运用一些技巧和方法才能达到目的。在说话的过程中，不妨试试以下几种方法，来引导他人顺着我们的思路说话。

◆ "6+1"法则

"6+1"法则是沟通心理学的一个重要法则，是指一个人在被他人连续提问6次做出肯定回答后，第7次被提问时，这个人同样会习惯性地做出肯定的回答；反之，如果前6次都是做出否定的回答，那么第7次的回答也会是否定的。这其实就是人的一种惯性思维。

在与他人沟通说话时，我们可以利用"6+1"法则，将他人的话引到自己的思路上来，对方是很容易"上钩"的。

◆ 问封闭式问题

封闭式问题是指那些预设答案的问题，如"是"或"不是"、"有"或"没有"等。封闭式问题与开放式问题是相对的，通常封闭式问题的答案只有那么几个，且是我们预先设想好的。

比如，我们问对方"你有没有孩子"，对方的答案基本是你预先设想好的，因为对方很有可能只回答"有"或者"没有"。那么我们可以分别针对这两个答案，对后续的封闭式问题进行设计，如果对方回答"有"，那么我们可以问"是女儿还是儿子"；如果对方回答"没有"，我们可以问"是因为还没有做好当父母的准备吗"等等。这样就可以很好地引导对方朝我们预想的方向去回答，能够有效地将对方引到我们的思路上来。

◆ 提示引导

用提示和引导的方式同样可以影响我们说话对象的潜意识，让对方的思路不知不觉转移到我们的思路上来。运用这种方法的最主要模式，是先将对方的身心状态用语言描述出来，接着再巧妙地运用语言引导对方的思路。

很多销售员常常会用提示引导的方式，将客户引到自己的思路上来。比如，汽车销售员会这样引导客户："先生，您想想，当您买了这款车后，就可以带着家人一起出去自驾游，多惬意啊"等等。这种提示性的话语就能顺利引导他人顺着我们的思路想，然后被我们说服。其实，这句话中的"当……"就是描述对方身心状态的话，而"你就可以……"则是引导对方思路的话。

◆目的架构

所谓目的架构，就是指在与他人谈话时，就彼此明确的谈话目的，有针对性地快速找到谈话的思路和解决问题的方式。

这些在与他人交谈沟通时的技巧听起来很简单，但还是需要自己在实践中多去巧妙地运用，才能真正地掌握。否则就是纸上谈兵、毫无意义。

图书在版编目（CIP）数据

马云：成功靠情商 说话靠口才 / 周高华编著. --
南昌：江西人民出版社，2019.7
ISBN 978-7-210-11268-6

Ⅰ. ①马… Ⅱ. ①周… Ⅲ. ①口才学－通俗读物
Ⅳ. ①H019-49

中国版本图书馆CIP数据核字（2019）第066590号

马云：成功靠情商 说话靠口才

作　　者：	周高华
策　　划：	黄心刚
责任编辑：	杨帆　吴镇宇
装帧设计：	金刚　武彩君

出　　版：江西人民出版社
发　　行：各地新华书店
地　　址：江西省南昌市三经路47号附1号（邮编330006）
编辑部电话：0791-86891230
发行部电话：0791-86898815
网　　址：www.jxpph.com　　E-mail：web@jxpph.com
版　　次：2019年7月第1版
印　　次：2019年7月第1次印刷
开　　本：787毫米x1092毫米　1/16
印　　张：14
字　　数：210千字
书　　号：ISBN 978-7-210-11268-6
赣版权登字—01—2019—111
定　　价：42.00元
承印厂：三河市天润建兴印务有限公司

版权所有　侵权必究
凡属印刷、装订错误，请随时向江西人民出版社发行部调换